职业教育

教师专业发展的

实践与研究

姜楠 著

北京出版集团公司

北京教育出版社

图书在版编目（CIP）数据

职业教育教师专业发展的实践与研究 / 姜楠著 . — 北京：北京教育出版社，2018.9
ISBN 978-7-5704-0675-3

Ⅰ . ①职… Ⅱ . ①姜… Ⅲ . ①职业教育—师资培养—研究
Ⅳ . ① G715

中国版本图书馆 CIP 数据核字（2018）第 212667 号

职业教育教师专业发展的实践与研究
姜楠　著

北京出版集团公司
北京教育出版社　出版
（北京北三环中路 6 号）
邮政编码：100120
网址：www.bph.com.cn
北京出版集团公司总发行
北京洛平龙业印刷有限责任公司印刷

787×1 092　16 开本　　14.75 印张　220 千字
2018 年 9 月第 1 版　2018 年 9 月第 1 次印刷
ISBN 978-7-5704-0675-3
定价：62.00 元

序　言

当今世界正处于大发展、大变革、大调整时期,新一轮科技革命和产业变革日新月异。随着我国产业结构调整、升级步伐不断加快,对劳动者素质和人才技能提升不断提出新的要求。党的十九大报告提出"建设知识型、技能型、创新型劳动者大军,弘扬劳模精神和工匠精神",强调大力发展职业教育和培训。作为与经济建设联系最为紧密的教育类型,职业教育在新时代肩负着更加重要的历史任务。职业教育师资队伍作为现代职业教育的重要保障,直接关系到技术技能人才的培养规格与质量能否适应现代产业发展需求,是保障职业教育能否为我国经济建设提供足够的人才支持和智力贡献的关键。2018 年 1 月中共中央国务院印发了《关于全面深化新时代教师队伍建设改革的意见》,提出全面提高职业院校教师质量,建设一支高素质、双师型的教师队伍。推进职业教育师资队伍走向特色化与专业化,是新时代职业教育现代化的重要战略。《职业教育教师专业发展的实践与研究》正是记录了作者姜楠老师从一名普通教师和教师培训师,逐渐成长为一名职业教育名师的成长轨迹。

作为职教名师,首先需要拥有具有坚定的理想信念,高度热情的工作态度,在教育教学中,积极发挥自己的表率和带动作用。姜楠老师正是这样的一位。她扎根职业教育整整三十一年,从初入职场的新教师成为为北京市骨干教师,从培养学生到培训老师,一路追寻,一路求索。几十年来,她执着追求,为培养高质量中职毕业生和提高教师队伍素质,默默耕耘,无私奉献。从姜楠老师身上,我们看到了"责任与担当",看到了"创新与坚持",这是她的关键特质。正是对职业教育的鉴定信念和责任感,使她热爱职业教育,始终把职教育人作为自己必须承担的使命,把创新职业教育模式和推进教育教学改革作为己任而为之奋斗。姜楠老师将自己的成长历程概括为 56 个字,即"积极进取、提升自我,刻苦练习、业精于勤,服务意识、重在培养,外塑气质、为人师表,充满活力、寓教于乐,职业素质、重在养成,注重团建、教学相长"。她正是将自己的生命投入到职业教育事业中,不断提出更高的人生追求,从而不断实现人生的价值。

作为职教名师,不仅要具有较强的专业理论知识、较强的实践教学能力,还需要具有不断推进教育教学改革的创新能力,成为创新型的双师型的教师。姜楠老师不仅具有较扎实的专业基础知识、丰富的实践经验,而且积极进行课程体系和教学方法的研究和改革。适应新时期职业发展发展的需要,她积极引进国外先进的以工作过程导向的课程理念,推动中等职业教育服务类专业课程体系改革;同时,根据现代职业教育教学发展的规律,把理实一体化的行动导向教学模式有机的贯穿在教学活动当中,充分激发学生的学习兴趣,调动学生学习的积极性和主动性,引导学生深入实践,从做中学,从做中教,实现针对性的教育教学,让学生在实践中不断感悟和总结经验,提高技能,收到了良好效果。从而形成了自己独特的教学风格,对朝阳区职业教育事业的改革与发展发挥了引领和示范作用。

作为职教名师,应具有较高的教育科学理论修养,掌握教育学、心理学和学科教学法等基本知识,不仅明确教什么,还要知道怎样教和为什么选择这样教,用科学的理论去指导教学。姜楠老师从事职业教育教师培训工作以来,认真总结自己从教二十多年的教学经验,不断探索职业教育教师的成长规律,研究职业教育教师教学水平提升的方法和手段。她将教师专业化作为提升职业教育教师水平的重要手段。她认为,在教育实践中,教师的教学工作逐渐复杂,如果教师不能实现自身的专业化发展,教师的教学使命也无法顺利实现,教师的发展是时代发展的必然趋势,信息化的时代为教师的发展提供了良好的发展环境和条件,教师的培养与成长离不开教师的自身努力和专门继续教育机构的促进作用。在教师培训实践中,她引入国际先进理念,研究提出了"能力为本的教师培训方法"。她创造性的提出:依据教师职业生涯的理论观点制定各阶段教师能力标准,然后根据教育的发展和工作需要,确定专题培训目标、制订培训计划、安排教学内容和师资、选择培训方法以及评估培训效果,从而形成培训的循环圈。这一教师培训方法在实践中取得很好的效果,为提高教师教学能力和教学水平创造了很好的经验。每个教师都是在一定的社会环境和学校环境中"成为"教师,每个教师在专业成长的道路上总会受到特定人物和关键事件的影响。优秀教师之所以"优秀",就在于他们能够基于自我经验充分转化、整合关键人物和关键事件的影响,使它们成为专业成长的发展动力。关键人物和关键事件在教师专业成长的特定阶段发挥了关键性的作用,成为教师专业成长的"拐点"。姜楠老师的工作中一个个关键事件和关键人物,使得她的自我经验不断扩展、深化、整合,从而在知识、观念、行为等方面得以更新,做出符合教师职业形象的内心选择,形成自己独特的专业结构。所以,关键人物和关键事件并不取决于其本身,而是在于由其所引发的自我澄清过程、个人思维清晰化的过程,也就是包括教师个人教育观念在内的教师专业结构的解构与重构。

关键人物和关键事件最终还是要通过个体的内化、转化、整合等,才能沉淀成为个体的内在素质。因此,教师个体的主观能动性十分重要。虽然环境等诸多外在因素为每个人的成长提供了机遇和可能,但这些外在因素和可能只有通过个体的主观能动性才能转化为现实。生活的意义就在于此,它不在生命之外,只在生命本身。

职教名师的成长道路注定是风雨兼程的,需要教师们能够不断的学习与历练,通过对本书作者——姜楠老师 31 年教育经历的分析,能够折射出职业教育专业课教师的专业发展之路,也希望借助作者的案例,发现职业教师专业课教师成长发展的规律,运用这些规律,培养出更多、更优秀的职教教师,为职业教育的发展贡献出更大的力量。

原北京教育科学研究院副院长、研究员、北京师范大学
国家职业教育研究院兼职教授　吴晓川
2018 年 11 月 10 日

目 录

第一章

为师半生，乐在职教

初入职业教育行业，带着困惑，夹着杂念，专业教师的匮乏和学生素质的良莠不齐，使我不能正确认识职业教育的理论和存在的意义。执教中职数年，坚定信念，充满信心，使我认识到职业教育是整个教育界的一个战略重点和永恒的事业。投身职业教育培训，砥砺前行，上下求索，使我体会到了职业教育任重道远以及前景光明。

一、职业教育需要"专业的教师"

职业教育既担负着培养高端管理人才的重任，也担负着培养我国数以千万计一线劳动者的任务。这就彰显了职业教育的意义。它关系着我国劳动者整体素质的提高，在实施科教兴国战略和人才强国战略中具有特殊的重要地位，是我国当前教育事业发展的战略重点。

近年来，职业教育的发展恰逢其时。一方面，职业教育的发展面临着良好的政策环境，有来自国家各级领导人和各级部门的直接关注与支持；另一方面，我国当前持续、健康、快速发展的社会经济、各个行业对技术人员的需求缺口、巨大的社会就业压力等因素，能为职业教育带来更为广阔的需求市场和发展前景。

进入 21 世纪，大力发展职业教育，加快培养高技术技能人才，成为教育界、产业界乃至整个社会的共识，职业教育在我国教育、社会中的重要性得到了前所未有的认可。但同时，职业教育目前的现状却又显得极不乐观，不适应经济社会发展的需要、质量不高等是主要的制约因素。因此，大力发展职业教育，既是当务之急，又是长远大计。所以提高职业教育的质量是职业教育内部和外部的共同要求。

影响职业教育质量的因素是多方面的，但职业教育师资队伍建设的水平，无疑是最重要的决定因素。职业教育已经成为整个教育事业的"半壁江山"，而要支撑起这样一个庞大的职教事业，迫切需要一支数量充足、素质优良的教师队伍。但是我国职业教育教师队伍建设问题重重，尚不能担负起发展职教事业的重任。提高职业教育质量的关键在教师、在建立起一支高水平的教师队伍,否则就不可能有高质量的职业教育。当前我国职业教育改革发展进入了一个新的阶段,办好让人民满意的职业教育,对职教师资队伍建设提出了新的、更高的要求。

然而,目前我国整个职业教育师资队伍的现状令人堪忧。主要存在着以下问题:总体数量不足、来源渠道单一、培养方式贫乏、知识结构比例失调、学历明显偏低、从教能力不强、实践能力薄弱、教学素养不高等。职教师资队伍仍然是当前职业教育发展、影响职业教育质量的一个关键问题和薄弱环节,所以职业教育教师队伍建设的落后,必将成为阻碍职业教育事业发展的"瓶颈"。

如何有效打造高水平的职业教育教师队伍是职业教育发展过程中所必须回答的问题。

如今,教师专业化已经成为国际教师发展的主要潮流和趋势,所以只有实现教师专业化才有可能实现教师职业地位的提高和社会地位的改善,并最终达成教师群体状况的改善和教师质量的提升。职业教育作为国民教育的重要组成部分,也理所当然地应跟进国际发展潮流,将教师专业化作为提升职业教育教师水平的重要手段。这不仅是教师职业的社会期待,也是教师个人职业生存的内在诉求。职业教育教师专业化的内涵及具体内容是什么,怎样才能实现职业教育教师专业化等一系列问题都需要我们去探索和研究。

在职业教育教师专业化的内涵问题方面,国内研究者在提及职业教育教师专业化时,往往是在普通教育教师专业化的问题进行论述的基础之上,进而论述职业教育教师专业化的相关内容,但对其概念却没有非常明确的表达,有的甚至避而不谈,没有形成职业教育教师专业化的独特概念,也鲜见鲜明的观点。研究者对职业教育教师专业化的理解基础就是教师专业化的相关理念,在普通教育教师专业化的基础上融入职业教育特点的相关因素,进而形成自己对职业教育教师专业化的理解。这种方式固然是理解职业教育教师专业化的必要程式,但是也略有粗糙简单之嫌。所以有必要在研究中对这个问题重新梳理,从不同角度与层面,在分析职业教育特点的基础上,结合教师专业化的要求,形成对职业教育教师专业化的独特理解。

在有关职业教育教师专业化的困难方面，研究者认为障碍主要有以下几个方面：职业教育教师缺乏专业发展的良好环境，没有树立良好的专业形象，专业地位低下，专任教师比例和职称、学历等不平衡，教师来源单一，师德状况不理想，教学技能不足，缺乏对职业教育规律的认识，等等。职业教育师资的培养模式基本上是从学科性的原则出发的专业教学论模式，所学的知识的内容主要是普通教学论，教育心理学和专业科学相关知识的叠加，因此培养过程中学术化倾向十分明显。

在推进职业教育教师专业化的策略方面，国内很多学者都从各自的研究视角对这个问题进行了探讨，聚焦在以下几个方面：坚持专业化发展方向，提高职教师资的职业待遇和职业声望；构建科学的职业教师资格培养课程体系，造就新型职教师资；改革教师教育传统方式，建立三元职业教育教师培养模式；加强职教师资的在职培训，促进教师的专业成长；健全职业教育师资制度体系，保障教师的专业化发展。

综观已有的研究，职业教育教师专业化的理论理解存在概念不清晰、内涵不统一的情况。我国的职业教育教师专业化研究尚处于萌芽阶段，职业教育教师专业化体系还不完整。可以说，目前我国职业教育教师专业化研究尚不能很好地应对时代对它提出的新要求，表现出多方面的研究困境。虽然目前的研究对职业教育教师专业化的各个方面都有所涉及，但是真正形成系统化的研究成果很少，缺少跟踪性的、长期性的职业教育教师专业化专题研究，而且，研究未能提出关于职业教育教师专业化的整体观念、框架，使得实践的操作缺乏整体依据。从内涵、意义、差距、策略等宏观层面研究较多，但从专业化标准、培养途径等中、微观方面研究较少，很难提出实质性、可操作性的专业化建设方略。职业教育教师专业化研究多为经验性、描述性成果，缺少严密的学理分析，研究成果使用范围有限，难以推广与运用，缺少基于个人专业发展的学理探讨。因此，本书试图结合个人专业发展的历程，从一个实践者的视角剖析职业教育教师的专业发展过程和方法，希望对职业教育领域的教师专业发展有所贡献。

二、职业教育专业教师的个体成长模式

教师专业发展阶段理论经历了一个逐步进步、完善的过程。从 20 世纪 60 年代富勒的"教师的关注"的一个侧面,到 20 世纪 70 年代伯顿以教师发展全程为研究维度,再到 80 年代中期,费斯勒弥补了二者的不足,认识到教师会在漫长的职业生涯中遭受挫折甚至陷于停滞。而司德菲则认为:"在教师陷于发展低潮期,应适时给予教师适当的协助,则教师可能会重新在专业上成长。"这些理论探讨了教师在不同的发展阶段具有不同的专业发展水平、需求、心态、信念等,都在很大程度上影响着他们的教学成效。因而,教师的发展阶段理论备受关注。在推进教师专业发展进程、发挥教师教学效能的时代背景下,教师发展阶段理论得到了广泛的推广。

进入 21 世纪,职业教育从办学规模和办学条件上经历了跨越式的发展。随之而来的教育质量危机,促使职业教育把重点转向"提高质量、提升办学内涵"方面。这就要求职业教育理论与实践的全面跟进,尤其是教师的知识、能力、素养的提高。结合职业教育的教育目标,既培养适应生产、建设、管理、服务第一线需要的德、智、体、美等方面全面发展的技术应用型专门人才,又要求专业教师在职业理论与实践两方面具备充足的知识与技能。但是,职业教育教师如何在专业发展阶段中不断提升自己的专业素养?我以自己作为个案,基于自身的成长史和专业发展阶段,将自己的专业成长划分为五个阶段。

(一)职前准备阶段

主要是工作以前的受教育阶段。我是在高中毕业前夕,直接通过中国共产主义共青团招考进入学校,并未像其他同学一样经历高考这一阶段——先上大学,然后再工作。这也许是我成长发展的特殊之处,也是当时职业教育的发展缩影。因为当时职业教育教师的主要来源并不是专门的师范院校,即使是现在也没有专门的职业教育师范院校。

(二)入职过渡阶段

1987 年,我到北京市新源里职业高中(现合并于北京市劲松职业高中)工

作。一开始进入学校，并未立即上课，而是从事团干部工作，同时在职攻读大学专科和本科，为之后的教学工作打下理论基础。新源里职业高中在 1987 年的时候，还是一个有初中校的职业高中，我负责初中少先队辅导员和团支部组织发展工作，这为我日后的组织协调能力及与学生相处能力的提升提供了帮助。

（三）模仿、探索和实践阶段

1988—1997 年，作为新教师总是先从模仿开始，我模仿的对象主要是学校的老教师，以师傅带徒弟的方式成为既管理学生又上台讲课的多能职教教师。在此过程中，通过老教师的传、帮、带，加上自己慢慢地摸索教学，寻找到了适合职业教育教学的模式和管理学生的方式。

（四）能力成熟和发展阶段

1998—2010 年，经过十二年的教学实践与探索，我从情境教学、双语教学到任务驱动、角色扮演教学，不断地改进和提高教学和科研能力。从在区级做研究课，到参加区百名教师评优课中获得第一名；从在市级做研究课，到通过比赛、专家评审，成为北京市市级示范课，逐渐形成自己的教学风格；从自己参加北京市专业教师技能大赛获得一等奖并取得饭店服务专业的高级服务技师资格证书，到指导学生参加市级酒店服务技能大赛获得市级一等奖的好成绩，专业技能逐步提高。

在此期间，我一直担任班主任工作，因带班有特色，学生受到酒店的认可，我多次被评为区级优秀班主任。

（五）能力转换和升华阶段

2010 年，我得到机会到北京教育学院朝阳分院从事职高教师培训工作，从事职高教师培训工作，成为教师的教师——教师教育者。从一线教师成长为教师培训者，这既是我个人的发展，也是朝阳区职教行业培养专业教师的探索。因为职教的培训和普教有着很大的差别。职教的专业教师培训不像师范院校培养高端教育人才一样有着长期的实践经验，一切都要从头开始，这是对我新的考验。培训什么、怎么培训都需要从头设计。

在朝阳分院领导、同事的指导和帮助下，我带领团队研发中职专业教师教学能力标准,编写了两本教师培训教材,从教学能力入手,采取混合式的培训方式,分层、分专业开展培训。重点培养入职三年内的教师,助力新教师的成长。

正是朝阳分院的这种培训模式,给职教教师的专业培养提供了可持续发展的动能,弥补了职业教育既需要理论又需要实践经验的综合能力的继续教育的不足。也许这种培训模式是职教培养高、精、尖人才的过渡阶段,也许这种方式仅是职教教师的"充电宝",但是,在当下却是解决职业教育师资质量问题的突破口。

朝阳分院是专为职教教师培训的尝试者,也是职业教育教师获得继续教育的基地。虽然职教在分院整个教师培训中还处于一个基础阶段,规模和师资也不能和普教相比,但是在今后的发展中,即使有了职业教育的高端培训模式和专门院校,分院的职教培训职能也一定会承担起职教教师交流、知识更新和能力提升的重任。

三、职业教育理想与信念

(一)职教观:事事有学问,行行出状元

《国务院关于大力发展职业教育的决定》指出:"坚持以就业为导向,深化职业教育教学改革。"原国务委员陈至立也曾提出要努力做到"教学与岗位之间零距离"。作为一名职业教育改革的前沿教师,我在专业课教学中,寓教于美,力求实现教学与岗位需求"零距离"。

在二十年的教学中,我一直从事饭店服务与管理专业的教学工作,承担过餐厅服务、客房服务、前厅服务、酒水、服务心理、营养与卫生、旅游概论、饭店管理等多门课程的教学任务。同时,我还担任了十五年的班主任。

"事事有学问,行行出状元。"多年的职业教育生涯使我体会到饭店服务是一门大学问,它涉及心理学、管理学、营养学和行为规范学等诸多门类,而教好饭店服务课程更是一项必须用心去做的实践。它需要教师点滴的积累、综合的教学素质、多种技能的培养以及实践经验的取得。而教学、实践和科研中的快乐、辛苦、收获、遗憾,构成了我职业教育生涯绚丽多彩的篇章。

当我用一堂又一堂涵盖多媒体教学、双语教学的课程带给学生们学习的快乐时;当我送一批又一批具备了饭店服务专业素养的学生走向社会时,我是多么的自豪、多么的骄傲,我觉得与学生在一起教学相长,开拓实践,生活充满了阳光。

（二）教师观:以身作则,为人师表

国有国法,家有家规,行业也有行规,师德规范就是教育界的行规。师德不仅对教师起到规范作用,而且能促进教师达到自己的教育目的、提高教学效率、建立教师的威信。作为一名职教教师,我热爱教育事业,爱岗敬业,严格要求自己,工作踏实、肯干,有较强的责任感和事业心,注重在学生中树立良好的教师形象,关注、关心学生的学习,了解学习情况,及时给予帮助,为学生学习提供优质的服务,成为教师专业成长的引路人。我先后被评为市级优秀教师、朝阳分院师德先进个人。

作为职业教育教师,我努力提升教学水平。但每当我提起饭店服务教学,人们都用疑惑的目光看着我,似乎很难解读刷盘子、铺床单尚有学问可言。每年学生入校,他们也会好奇地猜测,饭店服务基本技能的教学怎么能让他们有兴趣地演练? 2008 年,我用自己主讲的被评为市级优秀示范课的课程圆满地回答了这个问题。在这节课中,我用优美的教态吸引了学生的注意力;用新颖的多媒体课件丰富了课程设计;用流利的英语创造了国际化饭店服务实践的双语教学环境。当然我更用自己近乎完美的教学方法和颇具实力的综合素质打动了专家评委和世界级五星级饭店经理评委。在他们频频点头和不吝赞美之语的背后,却是我所代表的职业教育教师夜以继日、年复一年所付出的艰苦努力。

作为职业教育教师,我努力夯实专业技能。我记得,风雪中我曾从新源里挤上 106 路公交车,横跨南北城到永定门外北京教育学院读英语大专班;我也记得,多少次周六、周日狠心丢下哭泣的幼子去攻读更高的学历;我曾连续数日每天熬到凌晨 2 点只是为了拿下计算机的继续教育证书;我也曾几次共投入几千元钱取得了饭店服务技师职业资格证书。

作为职业教育教师,我不仅身先示范,同样也得到了我的老师们的指导示范。孔子说:"其身正,不令而行;其身不正,虽令不从。"我不会忘记,尹校长等校领导为提高我们中青年教师的素质提出的四个持续提高（持续提高师德水平、持续提高学历层次水平、持续提高学科和专业知识技能水平、持续提高教育教学水平)对我的激励。这一切,都为我的教学实践奠定了坚实的基础。

(三)学生观:没有差生,只有差异

1987 年参加工作,我就在北京市新源里职业高中,即现在的劲松职业高中担任一名专业课教师,同时也担任班主任。年轻的我与当时生源欠佳的学校、个性张扬的学生共同成长,其中的酸楚至今仍历历在目。

记得接手一个调酒班任班主任时,开学统一测试语文、数学、外语,学生们的三科平均成绩只有 36.5 分。报到第一天,我们班的教室居然开起了联谊会,学生互相敬烟、自我表现。老师在台上讲话,学生在台下接茬儿,我虽然疾言厉色暂时地平息了混乱,但我明白他们心里并不服气。

一次做心理训练,我让学生分别写出自己的五个长处和不足,有学生问我:"老师,我都写不足成吗?"我说:"为什么不写长处?"学生中约有 1/3 的人异口同声地说:"我没有长处怎么写呀?"我引导他们说:"长处就是你的优点,如'热情''善良'等。"这样,学生们突然都发现了自己原来并非一无是处。特别是那位带头起哄的同学,一下子发现了自己的特点所在。

对于职业高中的学生,我坚信这样的教育理念:"没有差生,只有差异。"我与学生中表现欲最强的所谓的"老大"谈话,发现他的眼神是游离的,不敢正视我。原来他是从工读升学的,因此他刻意隐瞒身份,藏起准考证。他又想在新的班内充'老大',拔份儿,用"以烟会友"的方式笼络人心。但是,他特别聪明,又有号召力,喜欢体育运动,内心是想上进的。我因势利导,让他当了文体委员,结果他们非常争气,在多次活动中获得了奖励。现在,我们这个班的每一个学生,都成为了对社会有贡献的人,他们中有出国经商的,有当酒吧老板的,也有参军的,当我们在微信朋友圈中相互关注时,我很欣慰。

这就是我所经历的职教教学和培训。通过我的理解、感受,想给那些即将投入职业教育行业或者已经成为职业教育教师的同人一些参考或者共鸣,也许职教的起点并没有普教那样高,从职业学校毕业的学生的成就也普遍不那么辉煌,但是,职教却是教育行业不可或缺的组成部分,探索、研究、教学的滋味也一样意味深长。

第二章

中职教学，知能双行

三十年的职业教育生涯,我将最美的青春奉献在了教育一线。在北京市新源里职业高中,我完成了自己的大学专科和本科的学习,品尝了担任学生班主任的苦与乐,也经历了教学实践中的请教、互助、教学相长和教法研究的进步过程。细细品味,这个经历或许能成为自己继续前行的基础,更期待成为他人从事职业教育研究的经验或者教训。

一、探索行动导向的教学模式

在新源里工作的这二十多年中,我从一个初始的职场"菜鸟",逐渐成长为一个职教"达人"。这其中经历了太多的艰辛与"意想不到"。

在北京市"构建以能力为本位,以职业实践为主线,以工作过程为导向的专业课程体系"的总体要求下,我努力领会以学生为主体的课程改革理念,钻研教学方法,适应当前教育形式,并把这些教学方法应用到教学中,探索"行动导向的教学模式"。

(一)行动导向教学模式的内涵

行动导向教学思想萌芽于 20 世纪 80 年代的德国"双元制"教学改革,到 20 世纪 90 年代基本形成,对转型时期的德国经济发展起到了强大的助推作用,这也从历史的角度充分说明了教育对经济的促进作用。由于其具有面向岗位、面向实践、提升高技能人才培养质量的特点,行动导向教学模式在不同学科和领域中应用较为广泛。

1. 国内外的研究

国外关于行动导向教学模式的研究领先于国内,这得益于国外起步时间早,积累了丰硕的研究成果。特别是在德国,其大量的研究成果在很多的学科领域有着深远的影响,为目前的研究奠定了基础,并提供了宝贵的理论文献资料和实践应用资料。1982 年,我国引入"行动研究",在 20 世纪 90 年代初期以后逐渐形成系统,大约经过五年的时间,学术界有了较为系统的反思,从引入阶段进入了研究阶段。1997 年,行动导向教学正式引入到职业教育层次。20 世纪末期,随着行动导向教学模式在教育学科中的不断深入发展,以及职业教育在我国各行各业的全面铺开,行动导向教学在商业、经济和管理、工业、计算机、外语、电子信息与网络和医学等学科领域的相关研究比较突出,同时在职业教育和众多学科领域中,在不同层级水平中都有不同程度的研究。21 世纪初,职教领域的行动导向论文如雨后春笋般相继涌现。在基础研究方面,我国在职业教育领域,从理念引入、内涵释义和体系建构等不同的视角和着眼点进行了较为详细的思辨和诠释。

2.理论基础

行动导向教学模式的理论基础包括:建构主义学习理论、多元智能理论和"以学生为中心"的教学设计理论。

20 世纪中叶前后,建构主义由瑞士心理学者皮亚杰率先提出。建构主义又称"结构主义",它根植于哲学和心理学,是继行为主义和认知主义之后发展起的学习理论。皮亚杰著名的发生认识论、科尔伯格的认知结构的性质及结论理论、斯滕伯格强调个体主动性理论、维果茨基的"文化历史发展"理论和"最近发展区"理论都是建构主义学习理论中最著名的代表。建构主义学习理论始终认为:学习即有意义的建构过程。秉持"学生中心论"的观点,教师的角色是知识的促进者、学习的"顾问",人与人之间的协作互动是主动建构的过程,是学生对所学内容的性质、规律、内在联系的充分理解,最终形成的认知结构才是建构的意义所在。知识不会单纯地由其他人的传授而获得,而是在一定的条件下,借助教师和学习资料的帮助,通过认知主体的主动建构才可以最终获得。这里的"一定条件",通常是指学习环境。建构主义认为理想的学习环境包括"情境""协作""会话""意义建构"四个方面。这四个方面层层递进,"情境"是起始点,"协作、会话"是过程,最终的归宿是"意义建构"。教师在其中起到的是穿针引线的作用,教学过程中师生通过共同创设学习环境、以协作会话的方式来激发学生主动建构新知识。

20 世纪 80 年代,美国心理学家霍华德·加德纳在基于前人的研究的基础上提出了"八智能说",主要观点汇编在他的论著《智能的结构》中,是多元智能理论提出的第一人。多元智能理论打破了"单一智能说"的窠臼,认为人的智能是多元组成的,并从言语、逻辑、视觉、身体、音乐、交往、自知和自然等八个方面,分别提出了言语智能、数理智能、空间智能、运动智能、节奏智能、人际交往智能、自我认识智能和观察者智能等内容。可见,多元智能理论包括了抽象思维和形象思维两个大类,既适用于研究型人才的培养,也适用于应用型人才的培养。因为个体差异化和发展的不平衡性,多元智能理论综合考虑了各方面的智能,更有助于学生的个性化发展。多元智能理论从教学和评价两个维度为行动导向教学模式提供了方向。

20世纪初,美国教育学家约翰·杜威,为了将学习理论和教学实践相结合,以达到教学的优化设计,针对教学活动创建了系统的理论,提出了 Linking Science 的提法,这也是教学设计学构想的来源。杜威的"以学生为中心"的教学设计理论重视学生的动手和探究能力的培养,是面向教学的应用性、计划性的科学研究,针对教学程序中的具体环节进行前瞻性的教学程序安排。"以学生为中心"的教学设计理论以问题作为切入点,以科学方法为指导,他提出了情境的重现、明确疑难、提出解决方案、判别假设和结果、甄选假设、解决和证明等具体"做"的步骤。这种教学设计打破了机械主义的思想束缚,在实用主义教育理论的基础上,提出了"以学生为中心"来开展教学设计,主张学生"从活动中学,从经验中学""做中学"。认为"做"即行动,是学习一切知识的开始,作为教育的手段和目的在教育过程中贯穿始终,重视学生学习经验的获得。

3. 溯源及内涵

行动导向教学的思想可以追溯至17世纪瑞士教育家裴斯泰洛齐的思想主张。他提出"教育心理学化",学习要"用脑、用心和用手",注重学生的全面发展,在其"要素教育"思想中论述了生产劳动技能和独立生活对学生影响的重要性,并从其他方面做了对比分析,强调在教学中应综合考虑多方面的教育。20世纪80年代,德国国内由于各行业的催生作用,迫切需要一线的劳动技术工人,在"双元制"教育改革中,学校和企业双元并进,理论知识和专业技能形成合力,成为德国经济腾飞的有力助推。随着行动导向教学研究的不断深入以及日趋完善,它成为了德国职业教育主导教学方法,并进一步受到世界范围内职业教育界的瞩目。

行动导向教学模式兴起于德国"双元制"教学改革。在不同的研究层次上,对行动导向教学的理解不尽相同。尽管对行动导向教学的内涵阐释各异,但都提及了"为了行动""如何行动"这两方面的问题,强调了行动导向教学的不同侧面。在宏观层次上,行动导向教学是一种形而上的战略指导思想或理念;在中观层次上,行动导向教学是一种教学范式或框架;在微观层次上,行动导向教学是一种或几种具体的教学方法或手段。因此,行动导向教学模式是在综合考虑教学的内外部环境的基础上,以学生为中心,注重知行合一;沿着行动目标,在具体的学习领域中,以小组协作的形式将教学内容通过"项目—任务"模块化的形式来进一步解构和细分,用以职业情境创设为核心的教学流程来进行教学实施,通过多种教学组织形式的运用,不断激发学生对专业知识的学习兴趣,一体化建构学习经验,进一步促进基础感知、情意培养和行动能力的互动与整合,提升自我评价能力的教学双边活动体系和方法体系。

行动导向教学与传统教学的区别见表1。

表1　行动导向教学与传统教学的区别

区别点	行动导向教学	传统教学
教学方式	以学生为中心,以学生活动为主	以教师为中心,以教师讲授为主
组织形式	多以小组合作形式进行,学生有尝试新行为范式的空间	多以班级授课形式进行,学生更多的是理解和记忆
学习内容	多为结构复杂的综合性问题,与职业实践或日常生活有关,工作过程具有系统性的特征,可促进综合性的学习	以理论知识为主,学生也通过某些活动获取能力,但其目的是验证或加深对理论知识的理解
教学目标	知识目标、能力目标和素养目标兼顾,即综合职业能力目标的实现	注重知识目标的实现
教师作用	不仅是知识的传授者,更是学生行为的指导者和咨询者	知识的传授者

续表

区别点	行动导向教学	传统教学
传递方式	双向传递。教师通过学生活动的成功与否了解其接受信息的多少和深浅状况,便于指导和交流	单向传递。教师示范,学生模仿
参与程度	学生参与程度较深,其结果往往表现为学生主动学习	学生参与程度较弱,其结果往往表现为学生被动学习
激励手段	激励是内在的,主要是从不会到会,在完成一项任务后通过获得喜悦、满意的心理感受来实现	激励是外在的,主要以分数为激励手段
质量控制	是综合的。通过形成性评价对学生进行全方位的综合性评价	是单一的。以笔试为主的终结性评价

4. 基本单元或基本要素

本着知行合一的理念,在行动中开展学习必须从确定学习领域出发进而创设职业情境,提倡学生在职业情境中自主学习,在教学过程中通过使用行动导向教学的常用教学方法,达到基础感知、情意培养和行动能力的互动与整合,促进一体化建构学习经验和自我评价能力的提升。

行动导向教学模式的基本单元如图 1 所示。

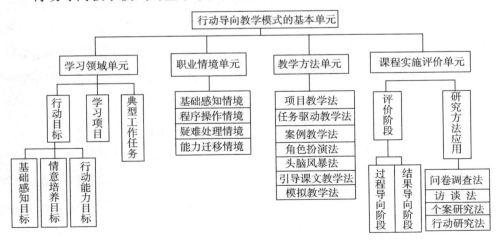

图 1　行动导向教学模式的基本单元

　　学习领域是指基于职业任务设置与职业行动过程取向的,由学习目标描述的主题学习单元。学习领域由学习目标、学习内容和学习时间三个部分组成。学习领域范畴的行动目标,即行动导向教学指导下的学习目标,包括基础感知目标、情意培养目标和行动能力目标。典型职业工作任务,对应的是职业行动中的具体工作领域,其工作过程具有系统的完整性和职业的代表性,所完成的任务具有综合性,并能反映职业的典型工作内容和工作方式。总之,典型工作任务描述的是一项有代表性的职业工作行动任务,包括计划、实施和评估整个行动过程任务。学习项目包括项目名称和项目内容,是通过行动来开展课程项目化学习的具体内容。

　　职业情境是行动导向教学阶段性的学习领域,是在教学活动中与具体工作项目密切相关的职业活动中个体、环境、行动的内在联系和关系的总和。简而言之,职业情境就是基于职业活动的一种学习情境。职业情境创设是行动导向教学的中心环节。职业情境创设使学生置身于不同的职业情境,开展具体项目和任务的学习,特别是典型工作任务的学习,可以更好地帮助学生建构专业知识和经验。职业情境的创设过程就是将不同的职业情境转化为相对应的学习情境的过程。从能力渐进的角度出发,职业情境可以分为基础感知情境、程序操作情境、疑难处理情境和能力迁移情境。

　　丰富的教学方法保障了教学的多样性和学生参与教学的积极性,对一体化建构学习经验大有裨益。有益于促进基础感知、情意培养和行动能力的互动与整合;有益于保障教学效果和质量,满足行业对高规格人才的需求等。行动导向的常见教学方法包括:项目教学法、任务驱动教学法、案例教学法、角色扮演法、头脑风暴法、引导课文教学法和模拟教学法等。

　　项目教学法是行动导向教学法的核心方法,对行动导向教学的其他教学方法有很大的指导作用。项目教学法是指师生双方合力为完成一个系统的"项目"或一个典型工作任务而开展的教学双边活动。项目教学法的教学步骤包括:确定项目任务、分组收集资料、制订与实施计划、评价和成果展示等部分。

　　任务驱动教学法是以解决问题、完成任务为主的多维互动式的或教学理念。最根本的特点是"以任务为主线、教师为主导、学生为主体"，其核心是"任务"的设计和学习情境的创建。学生的活动必须与任务或问题相结合，让学生带着真实的任务学习，以探索问题或完成任务来引导和维持学习者的学习兴趣和动机，从而形成分析任务、实施任务的能力。任务驱动教学法的教学步骤包括：明确任务、分析任务、实施任务、评价任务和任务拓展等部分。

案例教学法是指采用与典型工作任务相关的案例来导入教学，引起学生思考性的阅读，并通过问题和案例的结合，自主建构学习经验，通过小组合作和独立思考等方式完成的展开式的创造性学习过程的教学方法。案例教学法一般按照案例导入—案例分析—做出行动的步骤来实施教学。

角色扮演法是学生通过参与从而体验不同的岗位身份，间接感受职业环境氛围的有效教学方法。它有助于学生对职业角色的体悟和换位思考，对职业经验的建构，对学习领域和典型工作岗位更好地认知和理解。角色扮演法通常按照任务准备—计划行动—反思总结的流程来促进基础感知、情意培养和行动能力的互动与整合。

头脑风暴法是学生以小组的形式，面对教师引入的某一学习领域中的典型工作任务或项目，在不受拘束和限定的前提下，针对议题通过自由讨论、分享交流，在讨论过程中教师作为聆听者积极听取学生的发言，不发表观点，在轻松愉悦的氛围中激发学生主动思考和创造的一种教学方法。头脑风暴法一般按照确定议题—准备资料—记录讨论—总结归纳的步骤实施。

引导课文教学法是通过教师的问题来引导学生积极思考，从而主动学习，学生依据引导课文作为活动的指导性教学文件，开展具体学习的教学方法。其内容包含：任务、问题、学习目标、质量反馈单、计划、信息资料和相关说明等。引导课文教学法是依据项目教学法而开展的，在教学中一般按照资料获取—计划准备—方案确定—活动开展—质量监控—成果评估的步骤实施。

模拟教学法是通过仿效的情境或辅助的设备，进而营造出一种类似真实职业情境的教学方式。与角色扮演的区别在于，模拟教学法是教师通过严谨的情境设置、角色分配，使学生即兴在活动中开展行动学习，从而达到熟悉业务、反思职业角色的目的。从模拟程度上分为全部模拟和局部模拟，从替代物上分为设备模拟、过程模拟和材料模拟。该教学法一般按照预备—实施—评价—归纳的步骤进行操作。

行动导向教学因为理念、模式先进，方法多样，教学模式灵活，在教学过程中，突出"以学生为中心"，着眼于教学资源整合，注重职业情境的结合，注重应用等特点，激励学生主动建构学习经验，是众多课程方法体系和具体教学方法的主要来源。"职业教育的核心始终是课程"，行动导向教学有助于实现课程的行动学习目标，促进学习领域和学科课程的融合，使学生在和谐宽松的氛围中自主学习、自主成长。尽管行动导向教学具有诸多优点，但由于课程的差异性、评价方法的多样性，仍然需要对实施效果进行测评。在行动导向教学中，过程导向和结果导向是两种不同的评价阶段，行动导向教学十分注重两者的结合，并且根据职业情境下设的学习领域通过学生自评、同学互评、教师点评的多元评价体系保证了实施效果的综合性。

（二）探索与岗位需求零距离的教学模式

1. 反思以往，深入专业教学改革势在必行

作为一名饭店服务专业的教师，我曾为我的学生连续多年在饭店服务职业技能考核中的考证通过率达到100%而感到骄傲，学生们也为自己经过了专业的培训、具备一些理论基础而自豪。

但是，当我带领即将走向工作岗位的学生在为世界大学生运动会服务期间，一些学生的表现反映出职业素质的弱点。例如，服务姿态不优美、不能长时间坚持标准站姿。与干练的宾馆服务员相比，眼中无活、工作缺乏主动、服务不够规范、合作意识差等成了学生不能迅速进入实战状态的障碍，这个问题引起了我深深的思考：尽管自己平时教学工作很认真，但还多以传授知识和技能为中心；在制订基本操作技能、教授基础知识等方面的教学目标虽然比较明确具体适度、可操作性强、便于检测评价，但对如何开发学生的主观能动性缺乏教学目的和教学过程的设计。在课堂上讲得多练得少，没有与学生形成互动。学生的学习兴趣没有被激发，很难投身于实际工作情境中进行有效的演练；学生虽然通过了考核，但是上岗位后需要较长的适应期。总而言之，所教所学与实际岗位还存在着一定的距离。

学生们希望自己毕业后能走上理想的工作岗位;家长们盼望孩子早一点儿成才;饭店渴望招来的人才尽快进入状态;我们学校和教师更是热切地期待着学生们能够经受实践的检验。经济建设、社会进步和个人发展都需要职业教育教学的高质量,需要新的教学内容和教学模式。作为一名职校教师,我深感自己肩上的责任重大,反思以往,我认为深入专业教学改革势在必行。

2.努力探索,力求教学与岗位需求"零距离"

《国务院关于大力发展职业教育的决定》指出:"坚持以就业为导向,深化职业教育教学改革。"借着职业教育改革的东风,我在服务课教学中做了以下尝试。

(1)将职业道德教育渗透到教学的全过程

从细微处培养学生应当具有的服务意识和团队精神,运用饭店服务与管理专业的行业要求和规范,提升学生的职业综合素质。在确定每一节课教学目标的时候,不仅要确定知识和能力目标,还要确定情感态度价值观目标,如"培养为客人准确、快速、规范服务的职业意识"和"培养微笑服务的理念"等。

(2)在专业技能理论课中求实创新

我运用"示范—模仿教学模式"增强了理论和实践的统一,即示范—模仿—纠正(再示范)—练习(再模仿)—熟练掌握—灵活应用—创新升华这样多次循环、不断提高的过程,同时将"自学—辅导"和"情境—陶冶"融入"示范—模仿教学模式"中,提高了教学效果。

就拿我的一节市级优秀示范课"零散客人入住登记"来说明我创新的课程设计吧。伴随着优美的音乐,实景光盘的播放使学生直观感受客人入住登记全过程,学生提炼登记程序;通过收集的实物展示和制作精良的课件演示使学生熟悉护照和签证种类,激发了学生自主学习的兴趣并很快掌握本课重点。之后,发给学生护照样本和饭店的入住登记表,让学生实战演练。采用示范填写、分组练习、展示作业、共同评价、纠正错误的方法,使学生能够辨识护照和签证信息。通过反复练习,将本节课的难点分解到每次练习和纠错当中。随后,学生每两人一组做有预订散客的入住登记程序的对话练习,最后由两名学生在模拟前台做对话展示,师生评议,这样就让学生在情境教学的环境中愉快地掌握了本节知识和技能。

这节课将本来枯燥、难学的程序课程转化为身临其境的情境模式,得到了职业教学专家和世界著名连锁饭店高级经理的一致好评。

(3)在专业技能训练课上精心设计训练方案

加强实战演练,采用激励法、目标管理法提高学生的动手能力,培养学生的创新意识和独立工作、承担责任、保证质量、提高效益、加强合作、参与竞争等能力。

(4)坚持使用双语教学

目前四、五星级饭店的前台都必须用英语为客人服务,服务员英语水平已经是衡量饭店服务水准的重要指标。在服务课中经常使用饭店的专业英语,能加强学生的英语听说能力,使学生更加适应岗位需求。教学中我反复强调英语在服务中的重要性,坚持用英文讲授并板书饭店服务中的专业用语,并要求学生在学习服务技能的同时使用英语。我的示范课"零散客人入住登记"是这样设计双语教学的:先由两位学生做预订客房的英语情境对话,导入新课;看完光盘后,学生用中英文复述登记程序;我用英文解说签证种类课件演示,由学生翻译成中文;我用英文示范填表登记,学生用英文练习填表登记;学生用中英文做散客登记实战演练和模拟展示。双语教学贯穿课堂全过程,既增加了实战练习强度,也激发了学生的学习热情和学习兴趣。

(5)改革考试方法,让考核内容和方式贴近岗位实际需求

专业理论考试分口试和笔试,如餐饮服务口试为"八大菜系的特点和代表菜",每人讲述一道菜的典故、介绍我国各地的饮食风俗习惯和世界各国的风土人情等,要求学生每人制作五张以上的幻灯片,并讲述给大家,锻炼学生把学到的知识用自己的语言表达出来、培养自信和自主学习的能力,激发学习兴趣;前厅服务让学生两人为一组做客房预订、前厅接待、行李服务、问询服务的英文对话等。实操考试不仅要考查学生技能,还要考查其礼仪、道德修养、服务意识、情感等,并把社会实践计入考试成绩。

3. 完善自我,投身教改,在职教战线上永不言弃

经过几年来的探索和实践,学生在服务意识、动手能力、创新意识、独立工作、合作精神等方面有了明显的提高。我所教的学生在北京市参加饭店服务与

管理专业技能大赛获得团体二等奖,2006届学生石瑶以自身成才的经历在北京电视台谈体会,职业高中的学生是大有作为的。

改革是提高教学质量的动力,师资是确保教学质量的根本。多年来,我刻苦学习,不断完善自己,努力做到了学校提出的"四个持续提高"(持续提高师德水平、持续提高学历层次水平、持续提高学科和专业知识技能水平、持续提高教育教学水平)。因为只有不断学习和提高,我们才能与企业零距离接触,我们培养的学生才能适应行业岗位要求和社会要求,我们的改革才不会迷失方向。

案例:"零散客人入住登记"课堂教学设计

一、基本情况

1.授课专业:饭店服务与管理

2.授课班级:高二(5)班

3.课题名称:零散客人入住登记

4.授课学时:1课时

5.授课地点:新源里职业高中

二、课程背景

(一)课程地位

前厅部是饭店的营业窗口,被誉为饭店的门面,反映饭店的整体服务质量。美国著名的饭店管理专家奥突尔先生曾形象地比喻"若将饭店比作车轮,则前厅部是该车轮的轴心"。入住登记又是前厅部对客服务全过程中的一个关键环节,其工作效率将直接影响到前厅功能的发挥。俗话说:"先入为主""眼见为实"。入住登记是饭店前厅服务第一次"面对面"向客人展示饭店服务风貌的重要环节。如果没有完美的入住登记服务,不论之前的预订服务多么热情、管理多么完善,对于零散客人都将带来不可弥补的缺憾。可以说入住登记是客人体验饭店服务的良好开端,也是饭店赢得回头客的关键。

(二)大纲要求

《前厅服务》这本书的大纲要求是让学生掌握客房预订、前台接待、礼宾服务、问询服务等的服务程序,能做简单的英文对话,了解预订单、入住登记表的填写方法和注意事项,通过工作中的案例教学提高学生的应变能力,注重培养学生的分析、比较、模仿等能力。

（三）选用教材及处理

本节课选用的教材是教育部职业教育与成人教育司组织编写的《前厅服务》。其中"入住登记"是该教材第三章总台接待的第一节教学内容。入住登记分为零散客人入住登记、团体客人入住登记和重要客人入住登记三个部分。我本节课讲述的是"零散客人入住登记"。

三、教学目标的确定

（一）知识目标

掌握为零散客人办理入住登记的服务程序。

（二）能力目标

1. 正确填写入住登记表。

2. 准确、快速捕捉多国护照及签证信息。

（三）情感态度及价值观目标

1. 为客人准确、快速、规范服务的职业意识。

2. 在为客人办理入住登记的过程中，具有微笑服务的意识。

四、学生情况分析

本班学生共26人，都是登记入学的学生，学生基础薄弱。经过一年的专业学习，学生们喜欢自己的专业，掌握了餐饮服务的六大基本技能，专业素质有了一定的提高，同时在平时的授课中我经常使用双语教学，使学生的英语有了一定的提高，学生的专业英语的听说能力得到加强。

五、重点、难点确定及分析

如何为有预订的散客办理入住登记手续是本节课的重点，因为办理入住登记手续既是学生应当掌握的基本技能，也因为办理登记手续的复杂性和单调性决定了其成为重点。

辨识不同国家的护照和签证信息是本节课的难点，客人的证件包括身份证、护照、回乡证等，尤其是外国客人所持的护照，因各国护照的样式、排列、字体等多种多样，让学生准确、快速、礼貌地核对入住客人证件不是一件易事。

我将通过分组训练、实物演示、多媒体教学等方法让学生掌握重点、理解难点,最终达到该课时的教学目标。

六、教学设计思想

1.为培养学生的知识衔接能力和整体服务程序的把握能力设计了课前复习。通过客房预订的情境对话练习,吸引学生,使学生进入教学情境,很自然地导入新课内容。

2.采取直观演示、抽象讲解、反复演示的方法将本节课的教学重点传授给学生。让学生看两遍光盘学习入住登记程序,能激发学生的兴趣,培养自主学习的能力;通过全体复述、个别学生用中文、英文复述能较快地掌握登记程序。

3.对难点进行提炼,采取学生发现难点、老师予以展开、强化实物对比的方法来分解难点。在学生复述登记程序后,学生很想去练习,我发给学生护照样本和饭店的入住登记表,让学生去练习填写,在填写时学生会发现有些内容不会填写、不会看客人的护照,学生就要提出问题,我充分利用这个时机,逐一帮助学生解决问题,告诉学生应该怎样填写,这样学生带着问题去听课,能充分发挥学生的主体作用。

4.反复练习,将难点融入每次练习和纠错当中,使学生在不知不觉中消化本课的难点。在填写登记表时,我采用示范填写、分组练习、学生展示作业、师生共同评价、纠正错误的方法,使学生能够辨识护照和签证信息。

5.使用双语教学,既增加实战练习也激发学生的学习热情和学习兴趣。职业高中以就业为导向,使学生适应岗位的需要,四、五星级饭店的前台都必须用英文为客人服务,在服务课中经常使用饭店的专业英语,能加强学生的英语听说能力,使学生能满足饭店的需要。

6.采用多媒体教学,将本来枯燥、难学的程序课程转化为身临其境的情境模式。在模拟前台讲授本节课的内容,使学生能够在情境教学的环境中,高兴、愉快地学习知识和技能。

7.精心设计提问、布置课前预习,开拓学生收集资料和掌握信息时代互联网查询等能力,调动学生的学习自觉性。学生通过上网查找各国护照图片,扩大了知识面,开阔了眼界。

8.在教学评价中我采用学生评价、教师评价的方式,检查本节课的教学效果,使学生能更好地掌握教学重点。

<h2 style="text-align:center">附件:教案</h2>

授课教师	姜楠	课题名称	零散客人入住登记	授课课时	1 课时	授课班级	高二(5)班
教学目标	知识目标	掌握为零散客人办理入住登记的服务程序					
	能力目标	1. 正确填写入住登记表 2. 准确、快速捕捉多国护照及签证信息					
	情感态度与价值观目标	1. 为客人准确、快速、规范服务的职业意识 2. 在为客人办理入住登记的过程中,具有微笑服务的意识					
教学重点		为有预订的散客办理入住登记手续					
教学难点		辨识不同国家的护照和签证信息					
教学方法		双语教学法、情境教学法					
教学手段		课件、实物、VCD					

教学过程	教学内容	教师活动	学生活动	时间
旧知识的复习 学生展示 创设情境,引入新课	请两位学生用英文做客房预订的情境对话 今天是 12 月 21 日,客人已经来到饭店的前台,作为接待员应如何迅速、准确地为客人办理入住登记手续? 这就是我们今天要讲的内容	提问 教师讲	学生们听并填写订房表 两位学生展示填好的订房表并解说内容	5 分钟

续表

教学过程	教学内容	教师活动	学生活动	时间
课件演示 讲解程序 学生练习, 发现问题	第三章　总台接待 第一节　零散客人入住登记程序 一、有预订散客的入住登记程序 接待员询问客人是否有预订 reservation ↓ 询问客人的名字——guest' name ↓ 从电脑中找出预订资料 ↓ 核对订房细节、复述订房要求 Check and repeat ↓ 请客人出示护照——passport ↓ 核对护照,为客人填写入住登记表(registration form),并请客人签名(guest signature) ↓ 请客人交预付金 ↓ 给客人钥匙和房卡——key card ↓ 信息储存	教师讲解入住登记程序 提要求:复述入住登记程序 教师询问学生有无问题	看VCD 学生一起复述登记程序 再看VCD 学生用中文、英文复述入住登记程序 学生根据护照练习填写入住登记表 学生不会填写登记表中的证件种类和号码、签证的种类和有效期等内容	14分钟

续表

教学过程	教学内容	教师活动	学生活动	时间
解决问题	1. Type of Certificate ——证件种类			6分钟
实物展示	（1）身份证 （2）护照——外交护照、公务护照、普通护照（因公、因私） （3）外国护照介绍	教师讲解中国护照的种类		
课件演示	法国、英国、美国、瑞士、韩国、日本		请三位学生介绍6个国家的护照	1分钟
	2. Type of Visa——签证种类 （1）工作签证——working visa	教师说英文	学生翻译成中文	1分钟
示范填表	（2）旅行签证——tourist visa （3）商务签证——business visa （4）学习签证——studying visa			
	3. Valid visa——签证有效期 Type of certificate passport Certificate Number G05424237 Type of visa tourist Valid visa 2003. 1. 24	教师讲解 教师示范填写一份正确的入住登记表		
学生练习 展示填好 的登记表	4. 练习填写入住登记表 分组辨识法国、英国护照，练习填写入住登记表	教师讲评，发现问题及时纠正 教师提问	学生分组练习填写 两位学生展示填好的登记表	

续表

教学过程	教学内容	教师活动	学生活动	时间
案例	(1)如果签证有效期是 2006 年 12 月 24 日,饭店能否让客人入住? (2)如果签证有效期是 2006 年 12 月 20 日,饭店能否让客人入住?	教师提问	学生回答	6 分钟
学生对话练习	学生两人为一组做有预订散客的入住登记程序的对话练习	根据学生的具体情况,让一部分学生用英文做入住登记程序的对话练习	学生两人为一组做对话练习	
学生展示	有预订散客的入住登记程序的对话练习			
教师讲评 学生展示	有预订散客的入住登记程序的对话练习	教师讲评	两名学生用中文做对话练习 学生评议	8 分钟
教师讲评	二、无预订散客的入住登记程序 接待员询问客人是否有预订 ↓ 介绍客房,供客人选择 ↓ 现场为客人分房、订价 ↓ 方法与有预订的相同	教师讲评 教师讲解	两名学生用英文做对话练习 学生评议 看 VCD 学生复述程序	
课堂小结	学生们要掌握规范的入住登记服务程序,努力学习英语,能用英语为客人办理入住登记,认真负责地做好前厅的接待服务工作,为 2008 奥运会做出职高学生应有的贡献	提问:本节课我们学到了什么?	学生回答	

续表

教学过程	教学内容	教师活动	学生活动	时间
课后作业	1.写出散客的入住登记程序 2.两人为一组用英文做有预订散客的入住登记程序对话练习	教师讲解		
板书设计	一、有预订散客的入住登记程序 1.请客人出示护照 2.为客人填写入住登记表 二、无预订散客的入住登记程序			

（三）小组合作学习的实践探索

职业高中调酒专业的专业课教学分为专业理论和技能操作两大部分,专业理论是技能操作的基础,所占比例是6：4,专业理论相对其他专业来讲,包括的内容更多。例如,国外6大蒸馏酒和开胃酒的原料、各种品牌、口味特点,这些酒我们日常生活中不经常接触,再加上酒标上使用的是英语、法语等,学生学习起来很费劲,感到枯燥、没有兴趣。老师虽然在课下查阅大量资料,制作很多课件,上课时借助课件讲授酒水知识,学生边听边记笔记,但是整个课堂还是以教师讲为主,学生被动地听课,被动地做笔记,这样的理论课没有生机,学生提不起兴趣,学习效果很不好。

北京市职业高中以工作过程为导向的课改实验项目中,强调学生在"做中学,学中做",倡导"动手实践、自主探究、合作交流"的学习方式。我结合在德国学习到的真正的小组合作学习的方法和内容,在专业理论课教学中大胆实践,收到很好的教学效果。

1.在中等职业学校调酒专业理论课教学中进行小组合作学习的实践

在小组合作学习的教学实践中,我借助德国教师们上课的方法,学习新知识时结合实际的工作岗位,给学生创造一个真实的工作情境,把以前课件中教师要讲的内容,经过整理以信息页的方式给学生,学生借助这些信息页,以小组合作的形式完成老师布置的工作任务,通过小组展示工作成果进行交流,最后采取教师评价、同学间互相评价的方式对小组的工作给予讲评。通过这样的小组合作学习,体现了学生的主体地位,学生积极性很高,对繁杂的理论知识能在课上基本掌握。下面我就具体介绍小组合作的操作过程。

（1）优化组建小组

建立小组是小组合作教学的第一个阶段。建组原则是:"组内异质,组间同质"。我将这个原则放在职业高中教学环境中去理解,所谓"组内异质"是指根据学生的专业成绩、个性特点、性别等方面的合理差异建立学习小组。"组间同质"是各小组的总体水平要基本一致,从而保证各小组之间奖惩的公平进行。因此我把30人的班级按照学生的学习成绩或专业成绩分成5个组,具体方法如图2所示,这样第一组的成员是学习成绩第1名、第12、13名、第24、25名、最后1名,其他组以次类推。学生按照这样的方法排位,各方面进行优势互补,基本上能达到"组内异质,组间同质",为进行小组合作奠定了良好的基础。但是,这样的组建小组要经常更换,我根据每学期的期中、期末的考试成绩、个别学生的情况采取的是两个月重建一次小组。这样做能让学生与更多拥有不同经历和能力的人搭档,有机会学习如何与新搭档合作,同时也预防了形成小集团,能让学生意识到不仅是它所处的小组,而是整个班级都在从合作学习中得到提高。

（2）创设合作任务

合作学习是以"问题"的提出来呈现学习目标,并以寻求"问题"的解决来展开学习活动的。我把这个理论移植到中职调酒专业理论课教学中,就是合作学习要在创设一个真实的工作情境下提出工作任务,并把完成工作任务作为学习目标,学生借助老师提供的信息页,通过小组合作学习来共同完成工作任务。合作任务一般分为两大类。

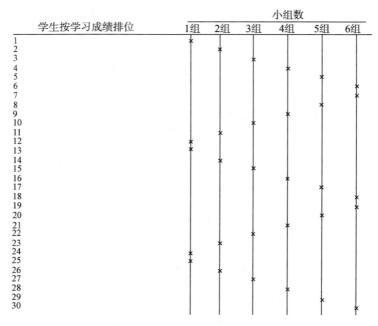

图2　优化组建小组示意图

　　每组的任务是相同的。每个组在规定的时间内完成相同的工作任务,并通过展示工作成果,挑选出最佳方案,全班一起完成具体的实施工作。例如,在介绍红葡萄酒的教学中,我结合酒吧、餐厅的实际工作情况,创设了真实的工作情境:在中国大饭店阿丽雅西餐厅,要开展为期一周的来自法国波尔多地区的龙船美度红葡萄酒的推广活动,你是负责这次推广活动团队中的一员,请策划一个活动方案。我把策划活动方案分解为要完成的几个具体工作任务:①餐厅环境、餐台布置;②制作法国红葡萄酒的宣传单;③写出促销策略;④服务红葡萄酒的操作流程。每个组在规定的时间内都要完成这4个工作任务。通过各组展示工作成果,来检验各组的工作任务完成情况,并挑选出最佳设计方案,来进行实施。

　　给各组布置相同工作任务的方法,我认为适合工作任务比较大、并需要4～10个课时来完成的任务。这样设计的目的是把新的理论知识与实际工作联系上,使学生感到这些知识在今后的工作中是非常重要的。在完成工作任务的过程中学生发现自己需要学习新的知识,于是他们主动查阅信息页上的内容,并结合以前学习的知识来完成工作任务，同时各组都是在相同的条件和时间内来完成任务，同样的内容各组完成任务的程度和效果是不一样的，这样增加了小组间的学习竞争力，在最后老师评价中可以针对各组的学生情况给予客观的点评，目的是让大家学会合作、学会沟通。

每组的任务是不同的。每个组在规定的时间内完成各自不同的工作任务，使每个组都成为某一方面的专家，在各组进行工作成果展示时，各组都是以专家组的身份向其他组做介绍。要求专家组要介绍得清楚、明确，其他组要认真倾听、记录相关的内容，并提出问题请专家组进行解答，比如在学习伏特加酒时，我创设的工作情境是：2009 年 12 月 6 日 19：00，波司登羽绒服有限公司在凯宾斯基饭店宴会厅举行宴会招待来自俄罗斯的 30 位客人。在宴会上主办单位特别为客人准备了 Stolichnaya 的伏特加酒，请为这款酒设计一个宣传单，以表示主办方对客人的热情、友好的招待。我给出的具体工作任务分为两种形式。

第一种形式是给各组布置不同的工作任务（见图 3）。第一组介绍伏特加酒的起源、原料，第二组介绍伏特加酒的制作工艺，第三组介绍伏特加酒的种类，第四组介绍伏特加酒的口味特点，第五组介绍伏特加酒的饮用方法。要求各组根据老师给的信息页内容在 20 分钟之内完成相应的任务单的填写，每组最后要利用 10 分钟的时间进行工作成果展示，其他组要认真倾听，大家通过专家组的介绍共同完成任务单上所有内容的填写。

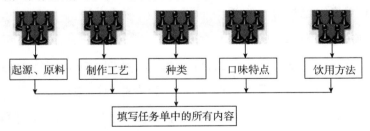

图 3 各组不同的工作任务

第二种形式是各组都是原始组，在学习新的内容时原始组重新组合，形成专家组。每个专家组都是某一个内容的专家，专家组借助信息页完成相应的工作任务，之后专家组成员重新回到原始组（见图 4），这时原始组中每个成员都是某个内容的专家,大家在一起分享各自的学习成果,共同完成老师布置的整个工作任务。需要注意的是,这种组合方式适用于班级人数为 16 人、25 人、36 人等,即为组的平方数,这样使得原始组、专家组的人数正好合适。

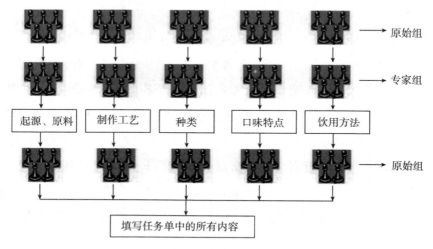

图 4　原始组、专家组

给各组布置不同的工作任务,无论是第一种形式还是第二种形式,我认为都只适合工作任务比较小、并需要在 4 课时之内来完成的任务。这种学习的目的是强调学生的主体作用,每个组都是一个领域、一个方面的专家,这样做能增强学生的自信心和责任感,他们有责任把学到的知识与大家分享,回答大家提出的问题。同时在分享的过程中,自己巩固了知识,加深了对知识的理解,学生们在相互的交流中也学习了知识。

（3）学生扮演不同的角色

这是为了建立并维持小组成员彼此间关系,从而更好地完成小组任务。角色随着任务类型的不同会适当地调整,在调酒专业理论课教学中我让学生扮演以下角色:辅导员——保证小组工作并确保每个人知道指令是什么;计时员——保证工作在时间限制内完成;检查员——检查所有的组员是否完全理解;记录员——记录小组的讨论内容,可用文字记载也可用一些特殊形式;报告员——向全班或其他组汇报小组的工作成果;材料管理员——保证小组有充足的材料,而且要精心地保管;鼓励者——鼓励每个人都参与并且带头庆祝成功。

在每次的合作中，根据教学需要，对这些角色实施动态轮换。比如每个组员都有编号，每个编号的角色都公布在黑板上，所有的 1 号都是检查员，所有的 2 号是辅导员，所有的 3 号是计时员等。

（4）教师训练合作交往技能

训练合作交往技能是小组合作教学的教学目标之一。学生只有掌握基本的合作技能，小组合作教学才能处于有序状态，学生之间才能展开讨论交流，进行实质性的互动合作。我认为有以下三种基本合作技能学生要掌握，并且学生通过教师为之开辟的相应途径进行讨论交流。

①倾听技能。倾听是合作的重要环节，是相互交流的前提。认真、专注地倾听是一种良好的品质，通过相互倾听可以了解他人对问题的不同理解，有利于摆脱自我中心的思维倾向，也体现了对他人的尊重。我是如何在调酒专业理论课中培养学生的倾听技能的呢？主要通过两种途径：一种途径是在我给各组布置不同的工作任务时，各组要认真倾听，我采取让各组复述刚才的工作任务的方法，来检查学生倾听的效果；另一种途径是在各组展示工作成果时，要说"请大家认真倾听我们组的内容，讲完后请大家提意见"。其他组根据介绍的内容，填写任务单，如果有没听懂的地方要在讲完后提出，展示组在听取意见时要虚心接受，最后要感谢大家。我通过检查任务单来检验各组倾听的情况，对任务完成好的小组给予表扬和奖励。学生在这样的氛围中学习，倾听能力有了很大的提高。

②表达技能。语言表达是合作中交往与互动的基础，也是个人交往能力的重要参数。合作学习需要每个成员清楚地表达自己的想法，互相了解对方的观点，在此基础上才能完成合作任务。同样，我也是通过两种途径培养学生的表达技能：一种途径是要求每个专家组向其他组介绍学习内容时，必须清楚、简洁、明了，否则其他组同学就会提出质疑、会听不懂、提出反对意见，通过这样的方法，在经过一段时间后，学生的表达能力会有很大提高；另一种途径是通过网络论坛和留言板发表意见、看法，提出问题等。

③讨论技能。讨论是合作解决问题的关键。讨论能产生合理的问题解决的方案，讨论总是在碰到问题且出现不确定意见时进行。各小组在完成任务的

过程中意见不统一的时候,小组成员之间要进行讨论,为了避免出现互相争执的现象,引导学生讨论问题的步骤和方法,我设计了一张"讨论记录表"(见表2)。例如,在完成50人的自助餐商务宴会设计示意图时,小组成员之间就会有不同的意见,这时要让每个人说出自己的观点,对每个人的观点大家举手表决,并在进一步的讨论中达成共识,确定本组的设计方案。

表2 讨论记录表

发起者:		
讨论问题:		
讨论者	意见	支持者人数

(5)检验合作学习能力的多元评价

学生完成工作任务后,如何对它进行有效的评价呢? 好的评价机制能反过来调控小组合作学习。我是采用多元化评价方式来评价作品的(见表3)。我制定的多元化评价有两个特点:一是评价方式多样化,有小组互相评价、自我评价、教师评价;二是评价内容多层面化,不再是单一的技术层面。这样的评价使学生再次体会成就感及组内归属感,同时也看到自己不足的方面,有利于提高合作技能。

表3 小组合作评价表

学习卡	☺	☺	☹	工作方式	☺	☺	☹
内容符合要求、正确				考虑所有小组成员建议			
书写清楚、简洁、明了				正确分配可用的时间			
标识易懂				遵守规定的时间			
总评				总评			

展示　　　　　　　　　小组氛围　　　　　　

展示的结构清晰（导入——）			
演讲清楚、易懂			
有技巧地吸引听众			
演讲者坦率而友好地对待听众			
总评			

小组成员营造良好工作气氛			
成员互相倾听			
尊重不同意见			
所有小组成员被考虑到			
总评			

　　在我与学生进行的不到一年的小组合作学习教学实践中,我发现学生变化很大。班级的凝聚力加强了,学生之间都能发现彼此的优点,自信心大增,学生的表达能力、信息搜集能力、倾听能力有了很大的提高。尤其是我在全区做的一节示范课,听课教师40多人,我这次改变以往的方式,不进行试讲,只是在课前做好设计和教学预案,主要是想考查学生通过这样的教学,是否能真正提高能力。结果我当天讲课非常成功,这在以前是不可能做到的,学生当天面对这么多陌生的老师,没有过多的紧张,以小组的方式进行学习,在全体师生面前展示,效果非常好。这样的成绩非常令人欣慰,它足以说明在听课教师面前学生是有能力做好的,同时也创新了示范课、研究课的模式:原生态的、没有进行加工的授课模式,这样更实用,更能令教师们学习和接受。

　　2. 在中等职业学校调酒专业理论课教学中采用小组合作学习的意义

　　(1)小组合作学习的理论价值

　　合作学习(Cooperative Learning)是20世纪70年代由美国著名教育家David Koont首先倡导并实施的一种教学理论与策略体系,是指学生在小组或团队中为了完成共同的任务,有明确的责任分工的互助性学习。它体现了现代教育理念,以学习小组为基本组织形式,系统利用教学中动态因素之间的互动,促进学生的学习,共同达成教学目标的教学活动。

　　小组合作学习与传统的班级授课制相比,有很多优越性。根据建构主义学习理论,学生是在自己已有的知识、经验和文化背景的基础上建构新知识的,学生知识、经验和文化背景的差异会导致对理解知识的侧重点不同,小组合作学习通过学生间的互动交流能够实现优势互补,从而促进知识的建构。在学习调酒理论知识的过程中,小组成员借助信息页,大家共同探讨、交流,掌握信息页上的主要内容,并完成老师布置的工作任务。在小组展示过程中,各组根据自己建构的知识体系,清楚、简洁地展示给其他组,让大家共同享受工作成果,在这样的学习过程中学生的合作能力(包括合作的知识、技能和情感态度等)、创新精神和实践能力得到培养,同时促进全体学生的个性发展(包括学习成绩、情感等个性品质的发展)。

职业高中的专业课教学目标是要帮助学生获得岗位职业能力。岗位职业能力包括专业能力、方法能力和社会能力,在职业高中,调酒专业理论课采取小组合作学习的教学方法能很好地培养职高生的方法能力和社会能力。如信息收集整理和分析的能力、时间管理能力、协调沟通能力、团队合作能力、提高岗位适应能力,使我们培养的学生能满足企业的需要。

(2)小组合作学习的实践价值

小组合作学习体现了教学活动中各动态因素的多边互助,给学生提供了满足需要的机会和形式,有利于学生学习动机的激发与增强、学生认知水平的提高;有利于培养学生的集体观念和多渠道获取信息的能力;有利于培养新型的师生关系。

①突出学生的主体地位,让学生在教学活动中变被动为主动。正如我前面实践中所描述的,我让各学习小组借助工作页,在规定的时间内完成任务单的填写、学习卡的制作,激发了学生的学习热情和创造潜能,培养主动参与的意识,增大了信息量。

②为学生提供一个宽松的学习、实践环境。我向各小组布置任务后,穿梭于各小组之间进行旁听、观察、指导、帮助和纠正,既不妨碍他们合作学习,又在他们需要帮助的时候及时出现。这样的学习气氛显得轻松、活泼,有利于学生彼此交流,也有利于建立融洽的师生关系。

让更多的学生参与到小组合作学习中,更好地面向全体学生。短短的一节课,让学生都能有说话的机会,全靠老师提问是不可能的,而小组合作学习恰是改变这种状况的最好的办法,学生可以在小组里尽情地阐述自己的观点,使得每个人都有发言的机会。

③寓教于乐。"小组合作学习"的教学方法既能实现教学目标,又能提高学习效率。在小组合作学习中,学生用各种彩色笔填写学习卡片,把各种形状的卡片进行粘贴、展示,采用专家组的方式介绍新的知识,在愉快的学习环境中掌握了枯燥的理论知识。

3. 在中等职业学校调酒专业理论课采取小组合作学习的一些思考

小组合作学习得到了世界上许多国家的认同,由于其实效显著,被人们誉为"近十几年来最重要和最成功的教学改革"。本人在中职调酒专业理论课教学中实践应用小组合作学习,也证实了这种教学方法有非常好的教学效果。但这种方法的实施,对教师提出了更高的要求。

第一,教师要在课前花费大量时间来设计工作任务,要把实际工作中真实的工作情境巧妙地、恰当地转化为我们要完成的工作任务,同时要把相关的理论知识进行整合,设计一个符合学生认知水平的信息页和任务单。第二,教师要预设在学生合作学习过程中遇到的问题和一些不顺利的合作。例如:没有一组能在规定的时间内完成工作任务;对信息页的部分内容不能理解;还有个别组很沉闷,工作进行很不顺利等。这些情况出现该怎样解决,教师应该做好充分的准备。第三,教师在提高学生合作能力的同时,自身应该是最好的实践者。教师应该亲身体会与人合作的过程,经常与同事们合作完成教学任务;教师应该在表达能力、倾听能力上做最好的表率,只有这样我们才能在学生的合作学习过程中起到真正的指导作用。第四,教师要有很好的观察能力,在学生小组合作的过程中,教师不仅要解答学生提出的问题,而且还要善于观察各组成员学习的过程。比如分工是否明确,各组每个成员是否都参与了,等等。在最后的教师评价中,教师能客观、真实地讲评各组合作的优点和不足,以便在下次小组工作中合作得更好。

我在中等职业学校调酒专业理论课进行的小组合作学习的实践,虽然取得了一些成绩,但是我感到还有很多不足之处,还要继续实践和探讨,使小组合作学习的教学方法能真正提高我们中等职业学校学生的专业能力,使我们培养的学生能更好地满足企业的需要。

案例：酒杯的认知与应用

授课教师	姜楠	授课时间	2010年5月6日	授课课时	1课时	授课班级	高二(5)班
专业	调酒	课题名称	酒杯的认知与应用				

学习背景分析		调酒专业高二的学生已经学习了啤酒、葡萄酒、香槟酒、配制酒和国外六大烈性酒的原料、酿制工艺、种类、口味特点、著名品牌等相关的酒水知识。通过今天的学习，让学生懂得酒吧用杯的讲究。不同的酒要选用不同的酒杯，让学生认识各种酒杯的名称，能根据客人所点的酒选择正确的酒杯，为客人提供规范的酒水服务
教学目标	知识目标	1. 正确阐述细长高脚杯适合装气泡酒的原因 2. 能解释葡萄酒杯的长柄的重要性 3. 能说出各种酒杯的容量和所盛装的酒的饮用温度
	能力目标	1. 能鉴别啤酒杯、葡萄酒杯、气泡酒杯、烈性酒杯、雪莉酒杯、玛格丽特酒杯和鸡尾酒杯等 2. 能根据不同的酒选取正确的酒杯 3. 能从本组、其他组交流中吸取专业知识 4. 能以团队形式完成工作任务，虚心地接受同伴的意见
	情感态度与价值观目标	1. 面对新伙伴，有努力与新伙伴合作好的愿望 2. 在小组合作学习中激发对课程和学习内容的兴趣 3. 乐于倾听他人的意见

续表

授课教师	姜楠	授课时间	2010 年 5 月 6 日	授课课时	1 课时	授课班级	高二(5)班
教学重点		1. 鉴别啤酒杯、葡萄酒杯、气泡酒杯、烈性酒杯、雪莉酒杯、玛格丽特酒杯和鸡尾酒杯 2. 说出各种酒杯的容量和所盛装的酒的饮用温度					
教学难点		1. 正确阐述细长高脚杯适合装气泡酒的原因 2. 解释葡萄酒杯的长柄的重要性					
教学方法		合作学习法、讨论法					
教学资源		酒杯、酒瓶、工作页、任务单、学习卡片、托盘、评价表					

教学过程	教学内容与教师活动	学生活动	设计意图	时间
建立新的合作小组	课前准备好 30 张扑克牌,分别为 6 个 A、6 个 2、6 个 3、6 个 4、6 个 5 要求在 1 分钟之内各组选出负责人和给本组命名	每人选一张扑克牌。根据手中的牌的数字组成 5 个新的合作小组 各组宣布本组负责人和组名	组成新的合作伙伴,学会与新伙伴合作,提高学生的合作能力	2 分钟
情境导入	老师手中拿一瓶雪莉酒,提问:这是什么酒? 属于哪类酒? 在什么时候饮用? 老师再拿出两个酒杯,提问:哪个酒杯适合盛装这瓶雪莉酒? 为什么? 导入本节课的学习内容,板书:酒杯的认知与应用	学生举手回答	通过师生对话,引起学生注意,激发学习兴趣,自然导入本节课内容	2 分钟

续表

教学过程	教学内容与教师活动	学生活动	设计意图	时间
提出任务	在我校的实训餐厅里,摆放着各种酒瓶和各种玻璃杯,有啤酒杯、葡萄酒杯、气泡酒杯、烈性酒杯和鸡尾酒杯等,今天有外校的老师来参观,老师们对这些酒杯和酒瓶很感兴趣,请大家很专业地为老师们做介绍	请学生初步感受工作情境	学生在真实的工作情境中学习,使学习更有针对性、目的性	1分钟
布置任务	教师布置5个组的工作任务,确定小组工作时间	参看工作页,学生认真倾听	使各组明确自己的工作任务,并在规定的时间内完成	3分钟
团队合作学习	1.学生填写任务单中的空项部分 2.完成学习卡的制作 3.准备演讲,展示团队的工作成果 4.老师到各组进行指导,回答各组提出的问题,帮助各组解决遇到的难题	以小组为单位进行团队工作,查找相关信息,填写任务单,制作学习卡	以小组合作的方式学习新知识,通过学生间的对话,培养学生自主学习、团队合作的能力,提高获取信息的能力,更好地发挥学生的主体作用、老师的指导作用	10分钟

续表

教学过程	教学内容与教师活动	学生活动	设计意图	时间
成果展示分享	1.各组在4分钟之内演讲团队工作成果 2.其他组同学聆听演讲并提出问题 3.出现的问题以学生间对话的形式解决,教师也可进行解答	学生根据各组的任务,组织展示内容和语言;继续填写任务单上其他空项,不明白的地方可以咨询	通过小组展示分享各组的工作成果,从其他组的介绍中学习新的知识,培养学生倾听的好习惯	20分钟
效果检查	在讲台桌上摆放着刚才介绍的酒杯,老师给每个组放一瓶酒,要求各组把这瓶酒倒在相应的酒杯里	学生把酒倒在相应的酒杯里	检查各组的学习效果,是否掌握了今天要学习的内容	2分钟
课堂小结	今天同学们采用合作式、讨论式的工作方法,完成了工作任务,说出了各种酒杯的容量和所盛装的酒的饮用温度,并能根据不同的酒选取正确的酒杯,正确地阐述了细长高脚杯适合装气泡酒的原因,解释了葡萄酒杯的长柄的重要性			2分钟

附件:小组合作工作页

工作页——葡萄酒杯	小组成员:＿＿＿＿＿＿＿

工作情境:

在我校的实训餐厅里,摆放着各种酒瓶和各种玻璃杯,有啤酒杯、葡萄酒杯、气泡酒杯、烈性酒杯和鸡尾酒杯等,今天有外校的老师来参观,老师们对这些酒杯和酒瓶很感兴趣,请你们组为老师们介绍葡萄酒杯。

具体工作任务（时间10分钟）：

1. 记录各葡萄酒杯的用途和装酒的量。

2. 红、白葡萄酒的饮用温度。

3. 将卡片和葡萄酒杯一一对应。

4. 完成任务单中葡萄酒杯的填写。

5. 在学习卡片上给每个玻璃杯做简要说明。

6. 阐释红、白葡萄酒杯的区别和葡萄酒杯的长柄的重要性。

小组展示工作结果（时间4分钟）：

可由组内全体成员或代表完成，注意控制时间。

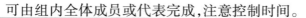

葡萄酒行业中流行这样一句话："好酒配好器。"如果你有一款好的法国葡萄酒，却将其装在普通的钢化玻璃杯里，那简直就是一种极大的浪费。只有用合适的酒杯盛装这些美酒，才能让葡萄酒展现出完美的品质。

红葡萄酒——郁金香形高脚杯。郁金香形，意味着杯身容量大，葡萄酒可以自由呼吸，即红酒跟空气发生氧化，又叫醒酒；杯口略收窄则酒液晃动时不会溅出来，且香味可以集中到杯口。而高脚则是为了持杯时，可以用拇指、食指和中指捏住杯颈，手不会碰到杯身，避免手的温度影响葡萄酒的最佳饮用温度，红葡萄酒的最佳饮用温度是16～18℃。红酒杯可细分为波尔多型与勃艮第型。两款对比，波尔多型酒杯口较窄，容量在100～200mL，其中以170mL最为理想；勃艮第型酒杯的杯形更宽，因其酒比较高贵、清香，杯身大则余味停留时间更长久，容量在100～120mL。

白葡萄酒——小号的郁金香形高脚杯，白葡萄酒杯杯口略大，杯脚更为修长，杯身较短。因为白葡萄酒不像红葡萄酒那样需要大面积的空气氧化，较小的空气接触就能令其散发芳香，而用小杯是由于白葡萄酒饮用时温度要低，最佳饮用温度为8～10℃，一旦从冷藏的酒瓶中倒入酒杯，其温度会迅速上升。为了保持低温，每次倒入杯中的酒要少，斟酒次数要多。白葡萄酒杯的容量在100～200mL。

上面讲的是西方人喜欢使用的葡萄酒杯，我国的中餐宴会，红葡萄酒经常用红酒杯盛装，红酒杯的容量是30mL，一般以八分满为宜。

工作页——气泡酒杯　　　　　　　　　　小组成员：＿＿＿＿＿＿＿

工作情境：

在我们学校的实训餐厅里,摆放着各种酒瓶和各种玻璃杯,有啤酒杯、葡萄酒杯、气泡酒杯、烈性酒杯和鸡尾酒杯等,今天有外校的老师来参观,老师们对这些酒杯和酒瓶很感兴趣,请你们组为老师们介绍气泡酒杯。

具体工作任务(时间10分钟)：

1. 记录各气泡酒杯的用途和装酒的量。

2. 香槟酒的饮用温度。

3. 将卡片和气泡酒杯一一对应。

4. 完成任务单中气泡酒杯内容的填写。

5. 在学习卡片上给每个玻璃杯做简要说明。

6. 阐述细长高脚杯适合装气泡酒的原因。

小组展示工作结果(时间4分钟)：

可由组内全体成员或代表完成,注意控制时间。

香槟(气泡葡萄酒)在葡萄酒世界最独特的是它细腻而不断上升的气泡,使用的酒杯包括杯身纤长的直身杯或敞口杯。杯身纤长的直身香槟杯犹如一个身材纤细的美少女,有着其他葡萄酒杯所没有的细长杯身,这是为了让酒中金黄色的美丽气泡上升过程更长,而修长的杯身正好为气泡创造了一个时尚T台,香槟的动态之美也就一览无余了。

直身杯最常见的有两种,一种是郁金香形,另一种是长笛形。郁金香形的酒杯是盛装香槟酒最理想的杯子,它很高,而且在边缘处伸长变窄,而不是在酒杯的中间,这种形状有助于保留葡萄酒的气泡,而不是让它随意地溜掉。长笛形酒杯是高脚瘦长身材的杯,较长的杯身适合于体现不断上升的微小气泡,但它没有在杯口处变窄,这点不如郁金香形杯理想。喝的时候手握杯柄,避免手温传到酒上,因为香槟酒是要凉一些才可口。敞口香槟杯开口大,起泡散失快,适合制作香槟塔时使用。香槟酒的最佳饮用温度是6~8℃,容量都为100mL。

工作页——烈性酒杯 　　　　小组成员：＿＿＿＿＿＿＿

工作情境：

在我校的实训餐厅里，摆放着各种酒瓶和各种玻璃杯，有啤酒杯、葡萄酒杯、气泡酒杯、烈性酒杯和鸡尾酒杯等，今天有外校的老师来参观，老师们对这些酒杯和酒瓶很感兴趣，请你们组为老师们介绍烈性酒杯。

具体工作任务（时间 10 分钟）：

1. 记录各烈性酒杯的用途和装酒的量。

2. 各种烈性酒的饮用温度。

3. 将卡片和烈性酒杯一一对应。

4. 完成任务单中烈性酒杯内容的填写。

5. 在学习卡片上给每个玻璃杯做简要说明。

6. 阐述干邑白兰地酒杯的特点。

小组展示工作结果（时间 4 分钟）：

可由组内全体成员或代表完成，注意控制时间。

　　酒杯虽然不会改变酒的本质，然而酒杯的形状，却可以决定酒的流向、气味、品质以及强度，进而影响酒的香度、味道、平衡性及余韵。

干邑白兰地使用郁金香球形矮脚杯（大肚球形矮杯）。干邑白兰地是以葡萄酒蒸馏而成，之后盛入硬木桶内经长时间储存才包装出售。要品尝干邑白兰地的真味，须以小口啜饮，所以喝白兰地通常用大肚球形矮杯。杯口向内缩，以便在饮用时用手掌托杯，并以手温酒使香气蕴积在杯中，同时让过多的酒精挥发掉，以产生干邑的酒香。白兰地酒杯容量为 1 盎司即 28mL，饮用温度为 18～20℃。

威士忌的酒精量为 40%～50%，属烈性酒。威士忌酒杯一般是直身无脚的圆形或方形半高玻璃杯（又叫古典杯），底厚侧壁薄，使酒的重心稳，因为美国人愿意加冰块，怕倾倒，用来喝加冰块或加水的威士忌。若是喝纯威士忌，大多用 1 盎司的子弹杯（烈酒杯），饮用温度为 18～20℃，威士忌酒杯容量为 400mL。

我国白酒历史悠久，有八大名酒，尤以茅台酒闻名于世，堪称我国的国酒，我国在白酒的酒杯使用上通常都使用 10mL 的白酒杯，斟酒量为八分满，白酒一般在常温下饮用。

　工作页——啤酒杯　　　　　　　小组成员：＿＿＿＿＿＿

工作情境：

在我校的实训餐厅里，摆放着各种酒瓶和各种玻璃杯，有啤酒杯、葡萄酒杯、气泡酒杯、烈性酒杯和鸡尾酒杯等，今天有外校的老师来参观，老师们对这些酒杯和酒瓶很感兴趣，请你们组为老师们介绍啤酒杯。

具体工作任务（时间 10 分钟）：

1. 记录各种啤酒杯的用途和装酒的量。

2. 啤酒的饮用温度。

3. 将卡片和啤酒杯一一对应。

4. 完成任务单中啤酒杯内容的填写。

5. 在学习卡片上给每个玻璃杯做简要说明。

6. 解释为什么使用不同的啤酒杯。

小组展示工作结果（时间 4 分钟）：

可由组内全体成员或代表完成，注意控制时间。

啤酒要冰镇后饮用，最佳饮用温度在 8～10℃。温度高，啤酒中二氧化碳逸出量大，泡沫也随之增加，但消失快；温度过低，二氧化碳逸出量少，泡沫也随之减少，因此啤酒的饮用温度很重要。

啤酒的种类很多，按杀菌方法，可分为鲜啤酒和熟啤酒；按包装容器，可分为瓶装啤酒、桶装啤酒和罐装啤酒；按生产方法，分为比尔森（Plzeň）啤酒、多特蒙德啤酒、慕尼黑啤酒、博克啤酒和小麦啤酒。其中比尔森啤酒原产于捷克斯洛伐克，是目前世界上饮用人数最多的一种啤酒，也是世界上啤酒的主导产品。中国目前绝大多数的啤酒均为此种啤酒。特点为色泽浅,泡沫丰富,酒花香味浓,苦味重但不长,口味纯爽。

因此,啤酒杯的形状也有很多种,下面介绍4种常见的啤酒杯。扎啤杯,容量为0.5L或1L的带把大玻璃直筒杯,用来盛装从扎啤机中打出来的新鲜啤酒;喇叭形啤酒杯,平底细长,杯口向外敞口,容量为300mL、500mL,适合饮用全麦芽啤酒(原料全部采用麦芽,麦香味突出);比尔森啤酒杯,传统的啤酒杯,用于盛装淡色啤酒,能保持泡沫持久,容量为400mL;郁金香形啤酒杯(普通高脚型啤酒杯),可挥发啤酒的香味,容量为300mL。

 工作页——其他酒杯　　　　　小组成员:_____

工作情境:

在我校的实训餐厅里,摆放着各种酒瓶和各种玻璃杯,有啤酒杯、葡萄酒杯、气泡酒杯、烈性酒杯和鸡尾酒杯等,今天有外校的老师来参观,老师们对这些酒杯和酒瓶很感兴趣,请你们组为老师们介绍鸡尾酒杯、雪莉酒杯、玛格丽特酒杯、饮料杯。

具体工作任务(时间10分钟):

1. 记录各种酒杯的用途和装酒的量。

2. 鸡尾酒、雪莉酒的饮用温度。

3. 将卡片和酒杯一一对应。

4. 完成任务单中其他酒杯内容的填写。

5. 在学习卡片上给每个玻璃杯做简要说明。

6. 解释为什么使用不同的鸡尾酒杯。

小组展示工作结果(时间4分钟):

可由组内全体成员或代表完成,注意控制时间。

　　雪莉酒是甜食酒，是在吃甜品时饮用的酒品，它是用葡萄酒为主料加入白兰地配制而成的，又称为强化葡萄酒。雪莉酒是西班牙的国酒，西班牙人饮用雪莉酒采用独特的郁金香形玻璃杯——可装 6 盎司的玻璃杯叫 COPA，能装 4 盎司的玻璃杯叫 COPITA，这两款雪莉酒杯给雪莉酒提供了足够的空间去散发葡萄酒的多种芳香，饮用温度为 10～12℃。

　　鸡尾酒杯分长饮杯和短饮杯。长饮杯一般盛酒精度数很低的酒，以饮料为主，直身的高筒杯，容量为 300mL；短饮杯一般盛酒精度数较高的鸡尾酒，用的是倒三角形的鸡尾酒杯，容量为 100mL，长长的杯柱让你的手指有充分的空间握住酒杯，用来盛马天尼、曼哈顿等鸡尾酒。除此之外，还有玛格丽特酒杯。玛格丽特酒杯正确称呼为 9 盎司杯，在欧美非常流行，是用来盛装玛格丽特鸡尾酒的。由于鸡尾酒都要加入冰块调制，所以饮用温度在 8℃左右。

任务单——酒杯的形状与应用

附件:任务单

姓名:＿＿＿＿＿＿＿

组别:＿＿＿＿＿＿＿

气泡酒杯	名称/容量/饮用温度/用途
1	
2	

续表

气泡酒杯	名称/容量/饮用温度/用途
3	
4	
5	
6	
7	
葡萄酒杯	名称/容量/饮用温度/用途
8	
9	
10	

续表

气泡酒杯	名称/容量/饮用温度/用途
11	
12	
13	
14	
其他酒杯	名称/容量/饮用温度/用途
15	
16	
17	
18	

附件：小组合作评价表

学习卡	☺	☺	☹
内容符合要求、正确			
书写清楚、简洁、明了			
标识易懂			
总评			

工作方式	☺	☺	☹
考虑所有小组成员建议			
正确分配可用的时间			
遵守规定的时间			
总评			

展示	☺	☺	☹
展示的结构清晰（导入——）			
演讲清楚、易懂			
有技巧地吸引听众			
演讲者坦率而友好地对待听众			
总评			

小组氛围	☺	☺	☹
小组成员创造良好工作气氛			
成员互相倾听			
尊重不同意见			
所有小组成员被考虑到			
总评			

（四）在餐饮服务课中推进素质教育

什么是素质教育？素质教育是以全面提高公民思想品德、科学文化和身体、心理、劳动技能素质、培养能力、发展个性为目的的基础教育。也有学者指出，素质教育是指根据人的发展和社会发展的实际需要，以全面提高学生的基本素质为根本目的，以尊重学生主体和主动精神、注重开发人的智慧潜能、注重形成人的健全人格为根本特征的教育。素质教育的目的应该是每个学生都能获得良好的发展空间而创造平等公正的机会和条件。

多年的职业教学经历使我认识到,在职业学校推行素质教育是非常必要的。因为实施素质教育恰恰是职业学校的立足点,并且具有先天的优势;因为在职校的学生没有高考魔棒的指引,没有升学的压力,我们教师更有条件实施素质教育计划。我赞同这样的论述:素质教育重在过程而不完全在于结果,即主要不着眼于学什么内容,而是怎样学习、消化、理解并运用这些知识,形成自己的能力和素质。这里,不能局限于、停滞于学会某些知识,要让学生明白和把握的是与这一个个结果和一类类事实密切相关的完整过程,并思考和探索这个过程。这就绝不是应试教育的那种僵化、静止的知识传授。

1. 餐饮服务课的教学现状

针对素质教育的重点——培养创新能力和实践能力。目前,餐饮服务课教学存在的一些问题,对餐饮服务课的教学质量的提高有一定影响,主要有以下几个方面。

(1)教学的被动性设计多于主动性设计

在餐饮服务课教学中,教师在制定基本操作技能、相关的基础知识等方面的教学目标比较明确、具体、适度,可操作性强,便于检测、评价。但对如何开发学生的主观能动性缺乏教学目的和教学过程的设计。

(2)教学方法承袭传统的"教"而缺乏餐饮服务课特有的"练"

在课堂教学中,普遍存在以教师为中心的传授知识、传授技能的教学方法,教学方法单一,学生很难投身于餐饮服务的情境模式中进行有效的演练。许多学生虽然通过了考核,但是一旦走上餐饮服务的工作岗位,适应周期太长。

(3)对餐饮服务课的教学方法缺乏研究

没有形式多样的教学方法,课堂教学处于枯燥、平庸的状态,学生们的学习兴趣没有被激发,他们对待上课不是期待而是接受任务。

2. 实施建议

为全面实施素质教育,进一步深化餐饮服务课课堂教学改革,针对课堂中存在的问题,我从理论和实践的结合上做了一些研究,现提出以下改进意见,以求餐饮服务课的教学得到健康地发展。

（1）针对教学实践中的问题、重塑素质教育目标

我在带领学生参加大运会服务的过程中,发现一些学生的职业素质不能很好地体现,并且不时出现负面反应。例如,学生的服务姿态不优美,不能长时间按规范的站姿标准站位,干活偷懒,眼中无活,比较自私,不能主动帮助别人等。在这样大型的实践活动中表现出的这些负面反应,我认为根源在于平时的素质教育不到位。这些素质需要在餐饮服务课中培养,要采用新的教学方法,使学生的人格得到健全的发展。

餐饮服务课不仅有着丰富的理论知识和操作技能,并且在培养学生的动手能力、创新意识、独立工作、合作与竞争等现代社会应具备的能力方面有着独特的功能。餐饮服务课的突出特点是它的实践性,教学中学生只有通过操作技能的训练,才能达到提高职业素质的目的。学生不接触操作训练、不参加实践,是感受不到劳动的艰辛,无法获得成功的喜悦和奉献的快乐乃至创造的冲动的。所以,在餐饮服务课教学中不应以传授知识为主,而应以操作技能训练为主,并让学生自己发挥主观能动性,注重综合实践能力的提高。

（2）培养创新意识、突破传统的服务观念

培养学生的动脑、动手、应变、创新的能力就要突破传统的服务观念。在我们的传统服务中有一些固有的陈旧的程式虽然已不实用,但仍被奉为必修内容,禁锢了学生的思想。另外,一些外来的易于被接受的服务方式却很难融入餐饮服务教学中。其实,有比较才有鉴别,有融合才有发展。让学生们自己去辨别、去分析才是培养创新意识的最佳途径。

（3）改革课堂教学模式

素质教育过程是情境的、愉快的、过程性的,它淡化结果,给学生留有讨论的空间和思考的时间,激发、培养学生关注这个过程的浓厚兴趣和足够的好奇心,让学生去发现造成某一结果的现实过程。这样的素质教育所要做的,是不论是怎样的内容组合,都紧紧抓住过程。如思想素质教育让学生弄明白究竟怎样做人;身心素质教育让学生学会维护自己的身心健康;文化素质教育指导学生有能力积累和丰富自己的综合文化底蕴,这样,知识才能成为学生的精神

财富。

　　操作技能课采用激励法、目标管理法提高学生的动手能力,培养学生的创新意识、独立工作、承担责任、保证质量与提高效益、加强合作与参与竞争等能力。

　　将激励法应用在服务技能课中。从字面上解释激励就是激发人的积极性,使其上进。从心理学的角度来说,激励就是以外界事物的激发鼓励而使人产生指向一定目标的内部心理动力,它驱使人为了实现一定的目标而积极活动,表现出高效率的行为。激励法的实质是满足人的心理需要,强化人的动机,改变人的行为,使之取得最高的工作效绩。人只有在受到激发和鼓励的情况下,才能有巨大的动力,才能在学习中发挥出最大的积极性、主动性和创造性,去争取进步,才能产生最高的效率、最好的言行表现。

　　学生都希望教师尊重他们的人格。俗话说:"好孩子是夸出来的。"学生们会在表扬、赞许的环境中超水平发挥。目前在我校,学生是登记入学,未经过严格的入学考试和实操测定。因此,许多学生动手能力、理解能力等各方面素质较差,学生普遍不爱学习,没有良好的学习习惯,在他们的生长环境中更多充斥着批评、责骂,使学生缺乏自信和上进心。所以在餐饮服务课中我应用正面激励法,采取了表扬先进个人、小组及好人好事等教学方法,提高了激励的实质效用,并取得了良好的效果。

　　餐饮服务课有六大基本技能,即托盘、摆台、斟酒、餐巾折花、上菜、分菜,在现行的考核中,每个技能的实操分数是 100 分。为了提高学生的技能,我把分数分为两部分:30 分为平时训练分(包括个人的技能、小组的配合与纪律),70 分为实操考试分。运用这种方法使学生重视平时训练,达到课堂的秩序井然、课堂效率的提升。训练中我会给学生很多机会,对做得好的个人、小组及时表扬加分,充分调动学生的积极性,培养学生的合作意识、独立工作的能力。

　　高一的学生每班 40 人左右,职业素质需要在技能课上培养,我在托盘训练课上用点滴的小事培养学生良好的行为习惯,提高训练效果。我规定学生每次上课前按要求准备好所用的物品,并给先准备好并按规范服务站姿站好的小组加 2 分,学生劲头很大,每个小组都事先分好工,有序、快速地准备以争取获得小组加分。在实操练习时,我采用静托个人竞赛、行走小组竞赛,对每一项做得好的个人、小组分别每次加 2 分。在练习静托时同学们都非常安静,认真托好自己的物品;在小组竞赛时大家都互相鼓励、配合,争取团体第一;在行走时大多数练习的学生姿态较好,而其余的学生也都能按站姿站好。两节连堂课上要站 100 分钟,学生虽然很累但很投入。因此经过 6 课时的练习,95% 的学生都能达到要求,在训练静托和行走的过程中也培养了规范的站姿。

在学餐巾折花时我重点介绍了 9 种技法。首先,我把这 9 种技法和操作要领编成口诀,比如第三句是"拉直瓣花捏鸟头",为方便学生记忆,在每次上课前我让大家一起背诵,使每位学生都能流利地说出技法口诀。其次,通过教会三十多种餐巾折花使学生正确、熟练掌握技法,培养看书上的图解折出各种餐巾花的能力。上课时我要求学生看书折餐巾花,对第一个折好的加 3 分,对前十名的加 2 分,第 11～20 名的加 1 分,学生的积极性很高,认真看书、动脑筋模仿书中的折法,这样教学的效率提高了,同时也培养了学生看书模仿、独立操作的能力。最后,在学完餐巾折花后我要求学生自创花型或看书折一种没学过的餐巾花,并对折得好的作品在技能考核中加分,在学校进行展览。应用这些教学方法,4 个服务班在 12 课时内有 140 人左右能很好地掌握餐巾折花技能。

练习摆台中的布碟定位时,我让学生想办法怎样在 1.8 米的圆桌上把 10 个碟均匀摆好。各组积极想办法,有的看桌布上的线,有的以椅子为标准,有的量脚步等,充分发挥他们的潜能,对好的方法及时表扬。这种教学方法改变了以前的传统模式,发挥了学生的主体作用,让他们积极参与,教学效果显著。

目标管理法在服务技能课中的应用。技能课引用目标管理法有助于学生掌握技能,使学生在有限的时间内学会技能。

摆台是一项综合技能,要求在 20 分钟之内完成。以前我演示后直接练习,学生错误较多,速度慢。现在我把摆台分成几个部分去练习,并安排好时间。铺台布练习 2 课时,要求达到一次铺好,40 秒钟完成;摆餐具练习 6 课时,5 分钟完成;摆水杯、烟缸、围椅 2.5 分钟完成,斟酒 2.5 分钟完成,练习时间 4 课时;餐巾折花 8 分钟完成,练习时间 6 课时。每一次课我先讲要达到的要求,最后再进行检查,达标者加分,未达标者继续练。比如铺台布,未记时前学生不紧张,一记时速度就快了,质量也有提高,都认真练习,互相帮助,争取测试通过。有了目标,学生主动去练,掌握技能较快,全班到下课时有 36 名学生达到标准。

理论课采用多媒体、录像等多种教学手段,充分发挥学生的主体作用,参与课堂教学,由"一言堂"变"多言堂",为技能练习打下良好的基础。

理论课要讲清楚。为了让学生看清技能要领,我制作了一些录像,便于学生掌握。为了避免操作中出现差错,我把工作中常出现的错误动作制作成课件,让学生指出错误。为了检查学生们的掌握情况,我请 1～2 名学生做演示,让大家挑毛病,根据大家提出的问题再请学生上前演示,做出正确的操作来。对工作中常出现的案例我采用讨论法,让大家想出好的办法等。运用这些方法培养了学生的观察、比较、分析问题、解决问题的能力,运用多媒体图文并茂、变化多样的特点,激发了学生的兴趣,提高了听讲的效果。

(五)行动导向的"七步法"教学设计

我以"红葡萄酒服务"教学设计方案为例,来说明行动导向的"七步法"教学设计。这次的教学设计,我认真学习了郦华老师的圣诞宴会设计方案,借鉴了"汽车前围板的点焊焊装"项目的教学设计,同时也结合我去德国培训学习一个月的收获,编写的教学方案。

1."红葡萄酒服务"学习情境选取背景

学习领域	酒水服务	36 学时
学习情境 1	餐前酒服务	10
学习情境 2	白葡萄酒服务	4
学习情境 3	红葡萄酒服务	8
学习情境 4	香槟酒服务	4
学习情境 5	餐后酒服务	10

19	酒水服务	36			◆

学习领域:酒水服务

选取原则:根据客人用餐的过程,把酒水服务分为五个阶段,把这五个阶段转化成相应的学习情境。

载体:任务

无论中餐还是西餐,客人用餐时都喜欢喝红葡萄酒,红葡萄酒有利于人体健康,因此学习红葡萄酒服务是很有必要的。通过学习情境 1 加学习情境 2 的铺垫,学生已经掌握了斟倒酒的姿势和斟酒量,了解了白葡萄酒的相关知识。学生可运用红葡萄酒知识和斟酒的操作技能,进一步提高沟通等综合能力。

2. 七步法"红葡萄酒服务"教学方案

✧查明重要与具体的起始条件;

✧指导思想(教学目标)具体化;

✧创设(总)工作任务与情境,说明学生的主要学习任务与内容;

✧拟定可能性流程,即先后顺序;

✧制作相关的试验指导和教学材料;

✧讨论并制作对教学项目的评价与反馈;

✧以报告形式总结教学设计工作。

第一步:查明重要与具体的起始条件

● 调查学生的条件

● 调查学校的教学条件

● 调查企业的条件

● 调查地区的条件

调研内容	调研结果
班级学生	2008 级饭店服务与管理班学生
开课时间	2009 年 9 月至 2010 年 1 月(三年制第 3 学期)
教师	姜楠
教室	模拟餐厅实训教室
教师知识准备	教师具备了指导该项目进行的专业技能、专业知识、调控能力,具有相关课程教学经验和企业实践经历

续表

调研内容	调研结果
学生知识准备	已经完成"餐前酒服务"和"白葡萄酒服务"等知识和技能
合作企业	兆龙饭店餐饮部
学校教务处	能够提供学生按小班授课、4课时教学安排,能够调控其他教学资源
调研方式	询问并查找教学安排及教学计划情况

调查结果分析:

从教师、教学班级、教室和设备配置、学校支持和合作企业的支持情况分析,北京市新源里职业高中具备开设该课程的条件。

第二步:指导思想(教学目标)具体化

学生的学习能力:①个人能力;②专业能力;③方法能力;④社会能力

(1)个人能力

- 学会从资料中获取相应的信息
- 将信息进行总结并变成自己的语言与顾客进行交流

(2)专业能力

- 能够阐述所选实施方案的理由
- 能够按照红葡萄酒的服务操作流程进行规范的服务

(3)方法能力

- 能够实现自主、合作学习
- 在小组成员的共同努力之下完成实施方案的设计并进行实施
- 能够处理在设计和实施过程中出现的问题

(4)社会能力

- 能够与客人有效地交流
- 能够积极地参与教学
- 具有团队合作精神

第三步:说明学习任务与内容

- 介绍学习任务

　　——以"策划法国红葡萄酒宣传周活动"导入情境

在中国大饭店阿丽雅西餐厅,要开展为期一周的来自法国波尔多地区的龙船美度红葡萄酒的推广活动,你是负责这次推广活动团队中的一员,请策划一个活动方案。

- 分析具体学习任务

▲餐厅环境、餐台布置

▲制作宣传单　　　　　　　　⇨制作 PPT 汇报展示

▲促销策略

▲服务红葡萄酒的操作流程

第四步:拟定可能性流程,即先后顺序

| 第一阶段:(导入—获取信息)获知教学项目和解决项目任务计划 |

↓

| 第二阶段:(计划)通过小组形式,探明教学项目各种可能性解决方案 |

↓

| 第三阶段:(决策)选择一个比较好的设计方案 |

↓

| 第四阶段:(实施)为向全班同学展示设计做准备 |

↓

| 第五阶段:(检查)实际现场操作 |

示例:

子任务三:学习法国红葡萄酒的相关知识	时间:45 分钟
教师活动: 1. 以提问形式引导学生思考——介绍法国的波尔多地区的龙船美度红葡萄酒需要哪些信息? 2. 采用 5 种颜色的卡片,让学生自己选择颜色,之后同一个颜色的学生分为一组,给每组不同的信息页,各组根据信息页的内容完成相应的学习页的任务,使这 5 个组成为专家组。引导学生自主、合作查阅资料,学习法国红葡萄酒的相关知识 3. 对学生活动情况和表现状态进行记录、评价。同时各组把最后完成的学习页给老师,由老师打分	学生活动: 1. 通过信息页的资料,完成有关自己的学习页的内容 2. 这 5 个专家组在完成学习页的任务后,再重新组合成原来的起始组,这时每个人都是某一方面的专家,大家共同交流,完成整个学习页的内容

续表

子任务三:学习法国红葡萄酒的相关知识	时间:45 分钟
能力培养: 1.通过完成学习页的任务,培养以团队工作的形式完成任务的能力 2.阅读能力、提炼信息能力、表达能力、倾听别人讲话的能力 3.自我独立学习的能力	

教学过程控制:

以专家组的方式学习新知识,再重新回到原来的组,每个人都是专家,专家要会表达,把自己掌握、了解的知识讲给组员,使每个组员都知道。这就要求小组成员间相互配合,学会倾听,能用最简洁的语言表达自己的意思

内容摘要:

1.信息页:分为 5 个部分——介绍法国波尔多的自然条件、介绍波尔多地区的葡萄园和葡萄品种、介绍波尔多产区的划分、介绍波尔多著名的葡萄酒产区、介绍法国红葡萄酒的酿制方法

2.学习页:从这 5 个方面来完成

　　第五步:制作相关的试验指导和教学材料

- 餐厅服务员
- 信息页(每一个子任务都有一份信息页)
- 工作页(每一个子任务都有一份工作页)
- 服务红葡萄酒的规范操作流程

　　第六步:讨论并制作对教学项目的评价与反馈

- 自评学生在团队工作中的表现
- 学生对教学的评价(非表格)
- 团队工作的共同评价

第七步：以报告形式总结教学设计工作

教师团队

● 通过总结、提炼，制作出一套可复制、可推广的教学方案。（教学流程设计、子任务分析说明、学习材料、评价表等）

● 反思在教学设计过程中的体验与收获

在教学中以真实工作任务及其工作过程为依据，整合、序化教学内容，充分体现职业性、实践性和开放性的要求，实现教、学、做结合，理论与实践一体化，引导学生积极思考、乐于实践，提高教学效果。

同时，我感到这样的教学虽然老师在课下要准备很多内容，备课需要花费一些时间，但在课堂上学生的主体作用能真正的得到体现。教师的讲占40%，学生的做、练、讲达到60%，老师才能真正起到一个指导作用。使学生在"做中学，学中做"，体会学习以及收获的快乐。

二、参与工作过程导向的课程开发

一个职业之所以成为一个职业，是因为这个职业有着与其他职业不同的工作过程，包括工作的方式、内容、方法、组织以及工具的历史发展诸方面。职业院校的教师在广泛调研的基础上，确定培养目标，明确学生就业的职业（群）或岗位（群），通过召开企业实践专家访谈会，对专业对应的"社会职业"进行分析，可以确定出本职业的典型工作任务。进一步归纳出行动领域，进行教学论加工，将行动领域转换配置为学习领域课程，实现课程体系的重构，这是工作过程导向课程开发的前提。

（一）国内外的研究

基于工作过程导向的课程模式来源于德国的双元制，被称为"行动导向课程"，是德国职业教育特别是双元制职业教育所应用的教学课程体系，主要是为了解决传统职业教育和实际企业所需严重脱节的问题而提出的。其教育主体为工厂企业和国家认定的中等职业学校。其教育方式采用让学生在企业与职业学校轮流学习的方法，其中企业学习为主体，约占总体学习时间的70%。教学内容上也主要以企业实际岗位操作为主要内容，学校的主要任务是相应理论知识的补充,该模式的特色在于由学校和企业共同完成教学任务。这种教育模式在当今世界职业教育领域处于领先地位,主要原因在于该方法将学生培养的重点放在了综合职业素质的提升上,在进行理论知识培训的同时,提供学生企业实践的环境,增强学生认知能力和社会适应能力。但随着社会的发展变革,"双元制"课程模式的缺点也逐渐暴露出来,20 世纪 90 年代后期,德国在传统的双元制课程体系基础上,提出了"学习领域"概念,有效地衔接了职业学校中的教学环节和企业中的职业培训环节,有力地推动了经济的发展。学习领域概念的提出,引起了广大职业教育学者的热切关注,政府和科研机构开始尝试在部分培训职业中推广学习领域课程方案。2003 年,德国联邦政府颁布了电子和机电职业的《职业教育条例》,要求教学过程要面向处于不断发展之中的职业工作过程来培养学生自我调整、自我提高的能力,成为德国职业教育课程改革的新范式。世界各国职业教育专家对此也进行了不断研究和尝试。

我国职业教育课程开发的发展在继承了传统学科知识体系结构的基础上,也吸纳了国外职业教育课程开发的经验并做了一些改革和探索。通过多年实践经验,我国很多地方的职业教育院校在教学改革中引入了工作过程导向的课程开发概念。国务院在 2005 年颁布了《关于大力发展职业教育的决定》,强调职业技术教育要"大力推行工学结合、校企合作的培养模式",职业学校要与企业紧密联系,加强学生的生产实习和社会实践,改革以学校和课堂为中心的传统人才培养模式。教育部公布的《职业院校技能型紧缺型人才培养培训指导方案》指出,中职学校要按照企业实际的工作任务开发出工作过程系统化的教学项目。2010 年《关于实施国家中等职业教育改革发展示范学校建设计划的意见》实施,全国有一批中职学校已经得到了国家的大力支持,在教学模式、教学内容等方面做出积极的改革和创新,给中职学校课程改革带来了积极作用。2014 年全国职业教育工作会议上,习近平总书记指出,"创新各层次各类型职业教育模式,坚持产教融合、校企合作,坚持工学结合、知行合一,引导社会各界特别是行业企业积极支持职业教育"。可见,基于工作过程导向的课程开发是目前我国职业教育改革的主流方向,开发以行动为导向的具有学校特色的适应区域经济发展的课程体系,已经成为所有职业教育工作者的共同心声。目前,我国职业教育界普遍认同并在国家示范校建设工作中已经应用的是姜大源老师的"工作过程系统化"的课程模式理论,姜大源老师认为综合的工作过程集成了专业能力、方法能力和社会能力的培养;具体的工作过程又是由对象、内容、手段、组织、产品和环境六要素组成的,不同时段不同职业,六个要素不同。赵志群博士在《对工学结合课程的认识(二)》中写道:"基于工作过程的课程应该具有完整的结构、全面的要素和包含工作过程知识,职业教育工学结合课程的开发应该基于工作过程,符合人的职业成长规律,设计好课业及课业文本,采用行动导向教学,创设学习环境,建设高质量的实训基地,全面系统科学地控制课程质量。"马树超老师认为职业教育从学科系统化到工作过程系统化的变革不只是改变课程的组织方式,更体现了课程价值观的变革。徐涵在《德国学习领域课程方案的基本特征》中比较了学习领域与传统的"双元制",认为学习领域的课程方案要以典型的职业工作任务为核心来组织和构建教学内容,并以行动为导向开展实施。目前,以工作过程为导向的系统化的课程开发模式在理论研究上为国内职业教育发展进行了铺设,明确了改革方向。

(二)理论基础

20世纪50年代中期的认知主义学习理论认为刺激—反应之间的联系是以意识为中介的,学习的重点在于内部认知的变化,包括感知、领悟及推理等相对独立的过程,比S—R联结复杂很多。认知主义学习理论的主要代表人物有布鲁纳和奥苏贝尔,他们认为学习的过程是在当前的问题情境下,经过内心积极的组织,从而形成并发展认知结构、注重学习的过程。认知主义学习理论对教学的影响主要表现在:肯定了学生的主观能动性;重视学生的现有认知结构;强调强化的意义;鼓励个体的创造力。

建构主义学习理论起源于20世纪八九十年代,由著名的瑞士心理学家皮亚杰最早提出,强调经验性和社会性的相互作用,认为意义是由人建构起来的,它取决于原有的知识经验背景,是主客体相互作用的结果。建构主义学习理论提出学生是带有自身经验的个体,是知识意义的主动构建者,是认知的主体、教学的中心,教师是教学过程的组织者、指导者,而不再是知识的传授者、灌输者。建构主义学习理论对教学的影响主要表现在:教学过程以学生为中心,教学模式采用情境教学,教学形式以合作式教学为主。

人本主义学习理论起源于 20 世纪 50 年代末 60 年代初,重点研究人的本性及其与社会生活的关系,认为人的学习是有目的、有选择的、自发的过程,人类本身具有学习的内在潜能或者自然倾向。也就是说学生是有目的、能够选择和塑造个人行为并从中得到满足的个体。所以,教师的任务就是要创设一种有利于发挥学生学习能力的情境,充分挖掘学生的内在潜能。

多元智能理论起源于 1983 年,由美国著名教育心理学家、哈佛大学教授霍华德·加德纳博士提出。他在对智力进行定义时特别强调了智能的多元化和社会文化及教育对智能发展的决定作用,并将智能认定为是学习机会与生理特征相互结合而产生的物品。多元智能理论认为人类的智能不是单一的而是多元化的,主要有语言智能、音乐智能、数理逻辑智能、空间智能、身体运动智能、人际交往智能、自我认知智能、自然观察智能等。多元智能理论把这 8 种智能看作是认知的源泉,是生理、心理、个体经验以及社会文化背景的产物。只有这 8 种智能相互作用,才使得人能够与特定领域的内容产生联系。加德纳博士认为,衡量智力水平高低要以是否解决现实问题和能否创造社会所需的产品为标准。

（三）基于工作过程导向课程开发的流程

工作过程导向的课程开发范式不同于传统的学科逻辑课程开发范式,主要体现在以下方面(详见表 4)。职业能力不是具体的事物,学生职业能力的培养必须基于具体的学习过程。基于工作过程导向的课程是在贴近工作实践的学习情境中教会学生"如何工作"。因此,基于工作过程导向的课程开发必须将岗位职责、工作任务分析、学生职业生涯规划、课程设计、教学设计等综合在一起,开发流程包括课程设计和课程实施与评价。

课程范式 比较项目		学科逻辑课程	工作过程系统化课程
总体特性		课程开发与教学实施范式的奇异性；系统化的知识既是课程和教学的载体，也是课程和教学的传授内容	课程开发与教学实施范式的对偶性；典型的工作过程既是课程和教学的载体，也是课程和教学的传授内容
课程开发	知识理论	知识的构成论	知识的生成论
	素质理论	职业素质构成论	职业素质生成论
	课程开始基准	知识序化导向	行动序化导向
	课程开发范式	总体上并行处理课程内容和课程目标	总体上串行处理课程内容和课程目标
	课程内容组织形式	按照知识的空间维度、知识的命题网格结构、知识的共时性等原则构建课程内容	按照知识的时间维度、知识的产生式结构、知识的历时性等原则构建课程内容
	课程目标处置形式	按照共时性原则并行处理知、情、意、行等多个课程目标	按照历时性原则串行处理知、情、意、行等多个课程目标

续表

比较项目 \ 课程范式		学科逻辑课程	工作过程系统化课程
教学实施	教学实施范式	并行但时空分割的教学实施范式	串行但时空共轭的教学实施范式
	教学实施形式	并行的教学实施形式,即按照时间维度和共时性原则实施教学	串行的教学实施形式,即按照时间维度和历时性原则实施教学
	教学目标处置方式	按照共时性原则分别处置教学目标,但是各教学目标时空分割,即知识和技能通常在不同的空间里进行训练	按照历时性原则处置教学目标,但是各教学目标时空共轭,即知识和技能通常在相同的时间和空间内进行训练

表4　课程开发流程

课程开发流程	工作内容	方法	参加人员	成果
行业情况分析	走访企业、行业协会等,明确本区域产业分布特征、行业发展趋势、技能人才需求情况、职业岗位的工作职责和具体岗位技能人才的能力特征	文献分析、访谈、调查问卷等	行业专家、企业技术人员、一线教师、教育学专家	调研报告

续表

课程开发流程	工作内容	方法	参加人员	成果
工作分析	调查分析电子专业各岗位工作的性质、任务、职责及相应岗位知识、技能,明确下一步课程开发研讨会出席人员	访谈、调查问卷等	企业技术人员、专业教师	分析记录;收集企业相关文件
典型工作任务分析	组织召开电子技术应用专业课程开发研讨会,确定典型工作任务的名称、工作内容、工作对象、方法、工具、设备、资料、组织形式、工作要求等	研讨、头脑风暴、思维导图、张贴板等	行业专家、实践专家、教育学专家、一线教师等所有课程开发参与者	典型工作任务列表
典型工作任务描述	详细描述典型工作任务具体内容,即职业行动领域描述	专家访谈	一线教师、教育学专家、企业实践专家	详细描述的典型工作任务列表
典型工作任务转化为学习领域,确定课程体系(重点)	将典型工作任务转化为相应的学习领域,开发专业课程方案并设立课程标准;将职业行动描述转化成学习领域描述	研讨、归纳整理等	一线教师、教育学专家、企业实践专家	专业课程方案;学习领域描述

续表

课程开发流程	工作内容	方法	参加人员	成果
论证及修订1	讨论学习领域和实际工作岗位任务所要求的知识、技能等职业能力是否相符;对专业课程方案和课程标准提出可行性的修改意见;修订专业课程方案和课程标准	论证、调研等	一线教师、教育学专家、企业实践专家	专家评价意见;专业课程方案;学习领域描述
学习情境设计(成果)	选择设计合适的学习情境并按照学生的认知规律进行排序;对学习情境进行详细描述	小组讨论;头脑风暴;归纳、整理等	一线教师、教育学专家	学习情境列表
论证及修订2	分析学习情境描述和十级岗位任务所要求的知识技能等的契合度,提出修改意见并讨论,结合课程标准修改学习情境列表;确定学习情境列表	讨论、归纳、整理等	一线教师、教育学专家、企业实践专家等	课程标准;学习情境列表

续表

课程开发流程	工作内容	方法	参加人员	成果
课业设计	完善工作过程的各个环节,分析各学习情境的关系,确定学习目标;编制课业设计方案;编写工作页及评价反馈表	讨论、整理等	一线教师、教育学专家、企业实践专家等	学习情境设计方案;工作页;评价反馈表
教学实施	创设教学环境,开展师资培训;教学;观察、控制、评价教学过程	听评课、访谈等	一线教师、教学管理人员、教育学专家	课程实施和管理意见

（四）我的参与与探索

2008 年,我参加了市级课题"饭店服务与管理专业以工作过程为导向课程开发试验项目"。这次以工作过程为导向的课程改革试验包括课程开发、课程实施、课程评价及课程管理的改革。改革试验强调职业教育中学习的内容来源于工作,通过工作实现学习,将学习过程、工作过程与学生的能力和个性发展相联系,关注学生的职业成长过程,有利于通过职业教育使学生获得综合的职业能力,从而提高技能型人才培养质量。本课题共分为 5 个阶段,即基础调研和分析、典型职业活动调研分析、专业核心课程结构设计、专业教学指导方案制订、专业核心课程标准制订。

1. 基础调研和分析

为做好饭店服务与管理专业的课程开发,我们做了基础调研和分析的工作,共调研学校 20 名毕业生、4 家饭店,并写出毕业生、饭店调研报告。两份报告受到了大家的认可和好评,同时在请专家进行调研报告论证的会上,我做了典型毕业生调研的发言,受到专家的一致好评。

调研结论：

（1）饭店服务与管理专业的专业定位与专业内涵较清晰

2001 年由教育部颁布的《中等职业学校专业目录》对饭店服务与管理专业的培养目标做了如下描述：本专业的定位是培养饭店服务人员和基层管理人员。通过对行业专家访谈、饭店企业访谈、毕业生调研以及中等职业学校专业建设的调研，我们认为该描述高度概括了该专业的专业定位。我们对北京市 10 所开设该专业的中职学校毕业生的岗位进行调研，发现该专业毕业去向非常明确，即各种类型的饭店。

（2）从行业发展现状看，对本专业人才需求有较大空间

首先，饭店业仍然属于"朝阳产业"，是市场化的经济实体。调研中发现饭店需要大量的中等职业学校毕业生。其次，由于饭店业已形成规模，密度居全国首列，北京市旅游局规划处处长李明德说，每年饭店业需要 15 000 人左右，而本市中高职每年能提供的毕业生约 6 000 人，从而我们可以看出饭店业属于人才紧缺产业，非常有利于职业教育的发展。

（3）适合饭店服务与管理专业的中等职业学校的学生的岗位较多，但主要集中在餐饮服务、客房服务、前厅服务 3 个岗位

调研结果显示，饭店适合中等职业学校学生的职业岗位有近 30 个，如引位员、传菜员、餐厅服务员、宴会服务员、酒吧调酒师、酒吧服务员、咖啡师、茶艺师、插花员、会议服务员、客房服务员、公共区域保洁员、楼层领班、洗衣师、行李员、前台服务员、话务员、文员、门童、商务中心文员、商品部服务员、服务台接待等，主要集中在餐厅部、客房部、前厅部，可以说这些部门占中等职业学校学生就业量 80% 以上。

（4）饭店各岗位对学生职业素质与职业能力的要求

通过大量行业、企业调研，遵从北京市旅游局规划处处长、中国社会科学院博士生导师李明德先生的讲话精神，总结出饭店用人要求包括以下 6 点：饭店员工必须具备崇高的职业道德；具有团队协作精神；饭店专业所具备的职业能力；与客人的英语交流能力；吃苦耐劳的精神；能做到令行禁止，具有服务、服从饭店的意识。

（5）北京市中等职业学校的专业建设与人才培养需求之间存在着一定差距

专业教学与职业岗位工作要求相去较远，教材内容仍然是以知识结构为主体，根据目前国际上以工作过程构建课程体系的要求趋势，我们的课程设置、课程内容、课程标准都不适应现代企业岗位对人才的要求，实训教材较陈旧。如何通过专业课让学生掌握饭店各部门的工作流程和主要内容，并且具备必要的专业技能和英语听说能力，为学生毕业后的职业人生打好基础，是摆在饭店服务与管理专业课程改革面前的任务。

专业实习和实训设备设施的条件需要进一步改善与加强。要加大资金投入和设备设施的改善，建立起与星级酒店相匹配的硬件设施。

学生实习机制不够完善，实习课程安排较少，效果一般，学生无法真正将理论与实际结合。

团队协作不够。专业教师缺乏企业实践经验，对现在饭店的发展了解不够，教学内容不能与时俱进。

校企合作不稳定，由于企业或学校的原因，教师难以被安排到企业实习，在教学中缺乏与企业的沟通，缺乏企业的指导，无法了解相关职业一线的情况和企业对人才的需求的实际状况，使教师的理论教学与实际脱轨。

劳动部组织的对饭店服务与管理专业的考证内容滞后，不符合现代酒店行业发展的需求，但为了保证学生的取证率又不得不花时间、精力去学，学生没有时间接触最新的前沿的信息与技能训练。

建议：

①中等职业学校应密切关注市场，及时了解饭店市场动态，聘请企业专业人士到学校任教，建立学校教师定期到企业顶岗实习或参与企业实践的机制，加强校企之间的合作。积极引进企业、行业参与学校的课程开发，同时与劳动主管部门协调职业资格证书的颁发。力争解决目前饭店选用的先进的专业操作技能与滞后的职业技能资格证书标准之间的矛盾。

②加快以工作过程为导向的课程开发，引领教师深度参与课程开发，深入企业实践，了解真实、完整的工作过程，获得第一手材料。特别是了解岗位任

务,了解工作流程、工作过程的主要环节及各环节的主要工作内容,了解职业活动,明确典型职业活动,为课程开发奠定基础。构建以核心课程为基础,必修课和选修课相结合、普通文化课程与职业技术课程相结合、基础课程和专业课程相结合、学科课程与实践活动课程相结合的课程体系。

③在课程目标中,注重对学生职业道德、职业素质的培养,通过加强实践,培养学生沟通能力、与人交往能力、独立工作能力。

④不断完善实训设施建设,加大实训课时比例,改革实训课教学模式。

⑤加强英语教学改革,开发符合企业需求的专业英语教材。改革传统英语教学方法,采用情境教学,提高学生英语口语表达能力。

2. 典型职业活动调研分析

饭店服务与管理专业典型职业活动表

NO	典型职业活动	工作任务											
		1	2	3	4	5	6	7	8	9	10	11	12
A	中餐宴会服务	根据宴会策划方案,明确分工,落实岗位职责	环境布置	检查宴会设备、物品	中餐宴会摆台	引领入座	宴会餐前服务	宴会菜点服务	宴会席间服务	宴会结束工作			—
B	西餐宴会服务	根据西餐宴会策划方案,明确分工,落实岗位职责	根据西餐宴会主题进行环境布置	宴会设备、物品的准备	西餐宴会摆台	根据西方礼仪规范引领入座	上冰水、服务面包及黄油	开胃菜、开胃酒服务	服务汤	主菜和葡萄酒服务	甜品服务	咖啡和茶水服务	协助客人离开,向客人致谢、道别
C	中餐零点服务	餐前准备	迎送服务	茶水服务	酒水服务	菜点服务	结账服务						—

续表

NO	典型职业活动	工作任务											
		1	2	3	4	5	6	7	8	9	10	11	12
D	西餐零点服务	餐前准备	餐前服务	点单服务	西餐酒水服务	用餐服务	咖啡服务	结账送客	翻台服务	—			
E	前台接待服务	对客分类准备	登记入住、验证	排房，收取押金；发放钥匙	建立客史档案	办理贵重物品寄存	办理换房、加床业务	填制营业报表和房态表	结账服务	—			
F	礼宾服务	迎宾服务	送行李，介绍设施设备	问询服务	资料派送	离店前行李运送	安排交通工具	再次确认行李	礼貌送客	—			
G	总机服务/客服中心	接听电话	提供电话咨询服务	播放背景音乐及应急广播	叫醒、免打扰服务和留言服务	更新住客资料	留意重点客人，处理接转电话	处理电话业务	做好交接班记录	—			
H	商务中心服务	按客人要求提供服务	明确收费标准	为客人提供商务服务	填写收费单	登记道别	检查设备设施	做好交接班记录					
I	客房服务	参加岗前会，领取工作任务	签领钥匙，进入楼层	准备工作车，确定清扫顺序	敲门进房，填写工作单,检查小酒吧、小冰箱、洗衣、设施设备	撤换物品	铺床（中/西式）	清洁卫生间	补充物品	擦尘、吸尘	检查	填写工作记录表	

注:未标注——学生不适合;

带下画线——学生可参与部分工作;

带阴影——学生可胜任工作。

以中餐宴会服务为例:

典型职业活动名称	中餐宴会服务
典型职业活动描述	领会服务方案。宴会开始前,由领班布置任务,明确分工,落实岗位职责,协助销售部做好宴会厅环境布置,进行设备、物品检查,餐厅摆台,按照服务规范引领客人入座,做好餐前茶水服务,按宴会方案进行规范的菜点服务、席间服务,宴会结束服务
工作岗位	领班、服务员、传菜员、领位员
工作对象	1. 参加宴会的宾客 2. 菜点、饮料 3. 客人用餐后使用的意见表 4. 宴会准备时的工作任务检查表格
工具	1. 宴会摆台用的餐具 2. 台布、口布等棉织品 3. 服务工具(包括托盘、口布、叉勺等) 4. 宴会服务及环境布置方案 5. 宴会菜单
工作方法	1. 在领班布置任务会上,接受工作任务,明确职责 2. 协助销售部布置宴会厅环境 3. 做好开餐前的物品、设备检查 4. 按宴会布置方案和摆台标准布置餐台 5. 引领客人就座 6. 为客人提供酒水、茶水、小毛巾、冷菜等服务 7. 按客人要求和上菜顺序起菜、传菜、上菜、分菜和介绍菜品 8. 按服务规范撤换餐具、添加酒水 9. 礼貌送客,检查客人有无遗留物品,按类别收拾餐台

典型职业活动名称	中餐宴会服务
劳动组织	1. 按照主管的要求,独立完成工作任务,并及时汇报 2. 与服务员、传菜员、领位员的沟通和协调 3. 按主管的分工,与厨师及其他相关部门人员联系
工作要求	1. 准确领会服务分工,明确职责和工作要求,按标准着装 2. 按照宴会布置方案,协助销售部布置宴会厅环境,达到宴会主办单位的要求 3. 协助工程部做好宴会厅设备的检查,确保设备正常使用;检查餐具、酒具、服务用品齐全、卫生、完好无损,满足宴会对餐具的数量和质量的要求 4. 运用摆台技能完成宴会摆台,达到宴会摆台要求 5. 能热情、亲切、规范地引领宾客,为特殊客人做好相应的服务工作 6. 进行餐前茶水服务,根据客人需要从客人右侧提供酒水服务,斟酒量达到八分满,按服务标准进行冷菜服务、小毛巾等服务 7. 及时准确按照主人的要求起菜,认真检查菜品质量,发现问题及时处理。及时、准确地进行传菜、上菜和分菜服务,做到热菜要热,应客人要求介绍菜品,向客人传递餐饮文化 8. 根据客人用餐情况及时撤换餐具,观察客人的饮用情况,及时为客人添加酒水 9. 礼貌送客,提醒并检查是否有遗漏物品 10. 能用英语为客人介绍菜名 11. 注意观察客人及周边环境、预防意外事故,具有较强的安全意识、卫生意识 12. 具有团队合作能力、沟通能力、观察能力和应变能力 13. 熟练掌握餐厅托盘、摆台、斟酒、上菜、分菜、餐巾折花、撤换餐具等技能

续表

典型职业活动名称	中餐宴会服务
职业标准	参照国家劳动与社会保障部四级餐厅服务员职业资格考核标准 1.着装整洁,服饰得当,仪表端庄,气质高雅 2.熟练掌握餐厅托盘、摆台、斟酒、上菜、分菜、餐巾折花、撤换餐具等技能 3.在20分钟之内完成中餐宴会摆台,摆台服务应做到动作准确、程序规范,达到操作卫生的标准 4.酒水服务动作细腻、准确、自然,达到不滴洒、不溢出的标准 5.能折叠十种不同的餐巾杯花 6.上菜服务符合上菜顺序和原则,能够正确介绍特色菜品 7.分菜服务掌握好数量,做到分让均匀、操作规范

3.专业核心课程结构设计

饭店服务与管理专业核心课程一览表

序号	课程名称	对应的典型职业活动	参考学时
1	饭店服务基础		108
2	饭店英语		288
3	饭店礼仪		108
4	中餐宴会服务	中餐宴会服务	72
5	西餐宴会服务	西餐宴会服务	72
6	西餐零点服务	西餐零点服务	36
7	中餐零点服务	中餐零点服务	36
8	客房服务	客房服务	108
9	前台接待	前台接待	36
10	礼宾服务	礼宾服务	18

续表

序号	课程名称	对应的典型职业活动	参考学时
11	总机服务	总机服务	18
12	商务中心服务	商务中心服务	18
合计			918

4.专业教学指导方案制订

北京市中等职业学校饭店服务与管理专业
教学指导方案

1.专业名称

饭店服务与管理

2.招生对象

初中毕业生或具有同等学力者

3.学制

三年制

4.培养目标及规格

（1）培养目标

本专业培养具有良好的职业道德和行为规范,掌握饭店服务与管理职业岗位群必备的文化基础知识、专业知识和职业技能,具备良好的礼仪规范和服务意识、较强的沟通和表达能力,能够从事饭店前厅、餐饮、客房等相关岗位工作的高素质技能型人才。

（2）岗位范围

面向各类饭店的前厅、客房、餐饮等部门的相关岗位。

可拓展的工作岗位有:茶艺师、调酒师、咖啡师等。

（3）职业资格证书

国家职业标准《餐厅服务员（四级）》证书。

国家职业标准《客房服务员（四级）》证书。

国家职业标准《前厅服务员（五级）》证书。

5. 毕业生应具备的职业能力

知识方面:

(1)中等职业学校学生必备的德育、语文、数学、英语、计算机应用基础、体育等知识与技能;

(2)熟悉主要客源的国民风俗、宗教、历史文化等知识;

(3)熟悉饭店部门设置和主要部门的运作流程;

(4)掌握饭店前厅、客房、餐厅等主要部门服务与管理的基础知识;

(5)具有计算机操作和应用计算机软件的基本知识;

(6)掌握人际交往与沟通的基本知识。

能力方面:

(1)具备前厅的前台接待、礼宾服务、总机服务、商务中心服务等规范服务能力;

(2)具备中西餐宴会服务、中西餐零点服务等规范服务能力;

(3)具备客房服务能力;

(4)初步具备用英语进行接待服务的能力;

(5)具有敏锐的观察及预见宾客需求的能力;

(6)具有饭店产品的推介能力;

(7)具有较强的语言表达能力和应变能力;

(8)具有了解饭店管理软件并能进行操作的能力;

(9)初步具备客房部、前厅部、餐饮部基层管理的能力;

(10)具有一定的沟通与协作能力。

情感态度价值观方面:

(1)具有良好的职业道德和行为规范,热爱饭店服务工作,爱岗敬业;

(2)具有惜时守信,优质服务的思想意识;

(3)具备饭店服务礼仪规范,具有良好的职业形象;

(4)具有较强的环境保护意识、安全消防意识和法律法规意识。

6. 课程设置原则要求

课程设置原则是职业学校制订专业教学实施方案必须遵照执行的基本

要求。

课程设置分为公共基础课程、专业核心课程、校本课程和毕业实习环节。

公共基础课程包括德育、语文、数学、英语、计算机应用基础、体育等，具体要求按照教育部、北京市教委有关规定执行。公共基础课程课时数不低于总课时数的35%。

专业核心课程和毕业实习环节课时数不少于总课时数的50%，毕业实习环节按照教育部有关规定执行。

校本课程由学校根据学校专业特色、用人需求和学生发展需求自行设置，课时数不超过总课时数的15%。

本专业开设的校本课程主要有调酒、茶艺、咖啡服务等。

7. 专业核心课程框架

序号	课程名称	对应的典型职业活动	参考学时
1	饭店服务基础		108
2	饭店英语		288
3	饭店礼仪		108
4	中餐宴会服务	中餐宴会服务	72
5	西餐宴会服务	西餐宴会服务	72
6	西餐零点服务	西餐零点服务	36
7	中餐零点服务	中餐零点服务	36
8	客房服务	客房服务	108
9	前台接待	前台接待	36
10	礼宾服务	礼宾服务	18
11	总机服务	总机服务	18
12	商务中心服务	商务中心服务	18
合计			918

8. 教学实施基本要求

(1)制订专业教学实施方案

职业学校要依据本专业教学指导方案,根据学校实际情况,制订学校专业教学实施方案。

(2)实训环境基本要求

根据"以工作过程为导向"的课程理念及饭店岗位服务操作流程,参照行业设施、设备的配置和运营模式,建立真实或仿真的实训环境。实训基地应具有演示范例的多媒体设备,同时能够适合技能的讲解与训练,实现理论与实践一体化。校内实训基地应包括技能实训室和综合实训中心。实训环境要具有真实性或仿真性,不低于《北京市中等职业学校专业实训基地装备标准》中的《饭店服务与管理专业实训基地装备标准》的要求。

(3)师资基本要求

任课教师应为本科及以上学历,具有中等职业学校教师任职资格;教师应有良好的师德和扎实的专业理论知识;专业教师应具备饭店服务专业相应的三级及以上国家职业资格证书。具备"双师"素质,对饭店服务专业课程有较为全面的了解,有饭店工作经验或实践经历,具备行动导向的教学设计和课程实施能力。

(4)教学和考核要求

公共基础课程教学,要执行教育部和北京市教委有关教学的基本要求。重在教学方法的改革,调动学生学习的积极性,为学生综合素质的提高、职业能力的形成和可持续发展奠定基础。

专业课教学,各校要组织任课教师,根据专业核心课程标准,进行行动导向的教学设计,以任务、项目、案例等为载体,设计理论实践一体化课程教学。要尊重学生的主体地位和创新精神,充分发挥实训基地的综合功能,保证动手操作时间,强化职业技能训练,通过教学过程培养学生的职业能力。

对学生的学业考核评价应体现评价主体、评价方式、评价过程的多元化。各校可根据企业需求和专业实际,参照核心课程考核标准,将学生的职业素质和职业能力作为评价教育教学质量的依据,确定更有针对性、分层次的考核内容与评价标准。

（5）教学管理基本要求

更新教学管理观念,建立企业参与、校长负责、专业为主的课程管理机制,形成既有规范性又有灵活性的教学管理制度。改革教学质量评价的标准和方法,建立以工作过程为导向的饭店服务专业教学质量评价体系,实施教学的全员管理和全程管理。学校要合理调配教学资源,充分发挥实习、实训基地的使用效益,为课程的实施创造条件。建立促进教师参与课程改革、提升教学能力的激励制度,通过教学管理改革,确保教学质量。

5. 专业核心课程标准制订

以"中餐宴会服务"课程标准为例。

课程性质与任务:本课程是中等职业学校饭店服务与管理专业由"中餐宴会"典型职业活动直接转化的专业核心课程,是学习"中餐零点服务"课程的基础,具有很强的行业规范性和实践性。本课程的主要任务是使学生具备较强的中餐宴会服务技能和规范服务能力,提高沟通能力和应变能力。

参考课时:72 课时

课程学分:4 学分

课程目标、内容、考核标准:

要素	描述
典型职业活动名称	中餐宴会服务
典型职业活动	领会服务方案,宴会开始前,明确分工,落实岗位职责,协助销售部门做好宴会厅环境布置,进行餐厅摆台,设备、物品检查,按照服务规范引领客人入座,做好餐前茶水服务,按宴会方案进行规范的菜点服务、席间服务、宴会结束的服务

续表

要素	描述
课程目标	1.能够领会服务方案、按照服务方案进行服务 2.具备中餐宴会餐具、用具、设备的正确使用能力 3.熟练运用托盘、餐巾折花、中餐宴会摆台技能进行摆台服务 4.能按照客人要求熟练进行茶水服务 5.能按照酒水服务规范进行中餐酒水服务 6.具备中餐宴会上菜、介绍菜品、分菜的能力 7.具备按宴会服务规范进行席间服务的能力 8.具备中餐宴会服务的应变能力 9.具备审美和表现美的能力
课程内容	1.宴会前的准备工作(30 课时) 领会服务方案,明确服务内容、程序、要求和方法,按照分工落实岗位职责; 协助销售部门依据宴会的主题、规格、主办单位的要求进行相应的宴会厅环境布置; 认真进行设备、物品检查,熟知各种中餐宴会餐具用具、设备的功能和使用方法; 按照中餐宴会要求、摆台规范进行餐厅摆台,掌握端托、餐巾折花、斟酒、摆台等服务技能 2.宴会中的服务工作(32 课时) 学会根据服务规范礼貌地引领客人入座,完成餐前茶水服务,初步掌握茶叶的种类、特征,运用冲泡技能完成茶水服务; 按照宴会服务规范进行宴会服务,运用中餐酒水服务技巧,进行酒水服务;按照上菜的顺序、要求,进行上菜,掌握菜点知识和介绍特色菜肴的方法,掌握分菜技能; 按宴会方案进行规范的撤换餐具、酒具、烟灰缸、添加酒水等席间服务,能应对中餐宴会服务中的突发状况

续表

要素	描述		
	3. 宴会后的服务工作(10 课时) 在宴会圆满结束后,协助宴会主人礼貌送客,提醒客人检查有无遗留物品; 了解各类餐具的清洁保养知识,按照中餐宴会的要求收台		
考核标准	宴会前的准备工作	1. 着装整洁,服饰得当,仪表端庄,气质高雅 2. 宴会厅环境布置达到宴会方案的要求 3. 服务用品准备齐全,餐具、酒具等用品摆放协调、整齐,洁净、卫生、无破损 4. 摆台技能达到操作卫生、规范的标准	
	宴会中的服务工作	1. 礼貌迎客 2. 正确叙述茶叶的种类、特征,茶水冲泡符合技能标准 3. 酒水服务动作细腻、准确、自然,达到不滴洒、不溢出的标准 4. 上菜服务符合上菜顺序和原则,能够正确介绍特色菜品 5. 分菜服务掌握好数量,做到分让均匀、操作规范 6. 撤换餐具等席间服务符合规范技能标准	
	宴会后的服务工作	1. 礼貌送客 2. 按要求收拾餐台	
	效果	在 20 分钟之内完成中餐宴会摆台,摆台服务做到动作准确、程序规范	

教学实施建议:

(1)教学设计

根据该课程标准,学校在教学实施前,要组织相关教师进行教学设计,明确课程实施的载体,制订具体课程和教学实施方案,细化考核标准和确定评价方法。本课程教学设计将中餐宴会服务任务和项目作为载体,学生通过实操、比较和反思,进行理论、实践一体化学习。

（2）教学方法

在教学过程中应充分利用模拟仿真或真实的实训环境,以行动为导向,采用任务教学、项目教学,通过小组合作、技能展示等方式开展教学活动。

（3）评价方法

本课程评价坚持评价主体、评价过程、评价方式的多元化原则,坚持学生自评、学生互评、教师评价、企业参与评价相结合,采用过程评价、成果评价相结合的方式,过程评价注重完成单项技能的评价,成果评价注重完成综合任务的职业能力的评价。

（4）教学设备与学习场景

教学需要在具备中餐宴会服务设备的实训室进行,使学生在仿真或真实的中餐宴会服务环境下进行实践,掌握宴会服务流程,达到餐厅服务员相关岗位的工作要求。具体教学设备要求参照《北京市饭店服务与管理专业实训基地标准》。有条件的学校可以直接参与饭店的中餐宴会服务实践。

三、走向"双师型"教师

（一）"双师型"教师

"双师型"教师概念最早是 1998 年国家教委在《面向二十一世纪深化职业教育教学改革的原则意见》中提出,一经提出,就受到各级职业院校的高度重视,各学校都积极探索"双师型"教师的培养问题。一些学者也积极探索"双师型"的问题,并对"双师型"教师的定义给出了多种解释。研究者在中国知网以"双师型教师"和"双师素质"为关键词进行专业检索,分别有 2 645 篇和 2 941 篇相关文献。研究者筛选了《教育与职业》等 6 种关于职业教育的重要期刊,分别对以"双师型教师"和"双师素质"为关键词的文章进行了统计(详见表 5)。

表5 以"双师型教师"和"双师素质"为关键词的文章数

序号	期刊名称	双师型教师（篇）	双师素质（篇）
1	教育与职业	16	79
2	职教论坛	47	2
3	中国职业技术教育	26	53
4	职业技术教育	15	18
5	中国成人教育	24	40
6	职业教育研究	17	20

综合各位学者关于"双师型"教师的标准与学说，主要有以下三种概念解释：一是基于教学能力分类的"双师"——既能传授理论，又能指导实践，二是基于资格证书分类的"双师"——既有教师资格证，又有职业资格证，三是基于知识结构分类的"双师"——既精通专业技术，又掌握示范技能。

教育部职业技术教育中心研究所吴全全对"双师型"教师做出以下释义。

（1）基于个体，即以单个教师为基准的"双师型"教师概念的释义

一为显性的形式说。"双师型"被解释为"双职称""双资格"或"双证书"，即教师具有教师资格证，以及其他职业资格证书或技术职称（如工程师、技师、会计师等）。

二为隐性的内容说。即"双师型"教师被解释为"双能力""双素质"。即教师具有知识运用能力等教师素质，同时也具有实践运用能力、技术素质或职业素质。

（2）基于群体，即以教师团队为基准的"双师型"教师概念的释义

一为基于类别分责的学校体制内加和的"双师"结构说。即将"双师型"教师解释为学校专职的专任教师和学校专职的实训教师这两类专任教师组成的教师团队所呈现的"双师"结构。

二为基于类别分责的学校体制外加和的"双师"结构说。即将"双师型"教师解释为来自学校的专任教师和来自企业的实训教师这两种教师队伍组成的教师团队所呈现的"双师"结构。

（3）基于个体与群体组合,即以教师个人与教师团队组合为基准的"双师型"教师概念的释义,如图5所示。

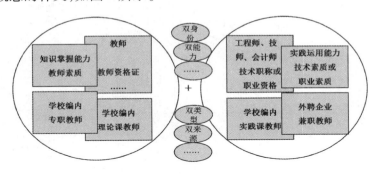

图5　基于个体与群体组合的双师结构说

"双师型"教师的提出,是基于职业教育培养目标的特殊要求,指的是职业院校教师的一种素质和能力类型。研究者认为,"双师型"教师的内涵应包括双重结构,如图6所示。

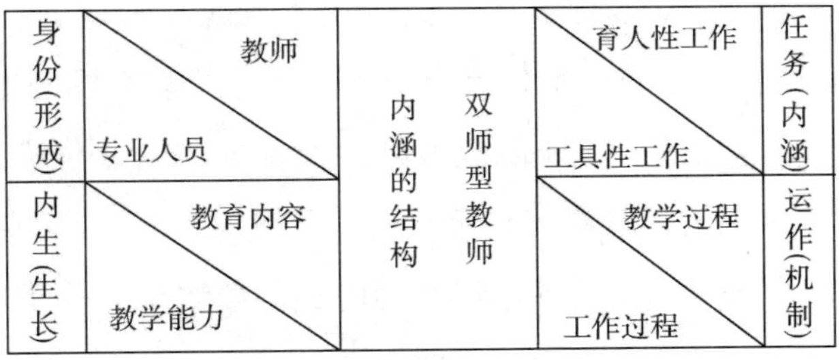

图6　"双师型"教师内涵的双重结构

分析我国教育政策文件关于"双师型"教师的表述,凝练职业教育师资队伍建设的实践智慧,本研究建构了静态—动态要素组成的职业教育"双师型"教师能力结构模型(如图7)。其中,动态角度的机制层面,包含专业理论知识的应用能力、专业理论知识在职业实践中的应用能力、职业教育专业教学论的应用能力、职业教育专业教学论在教育实践中的应用能力。

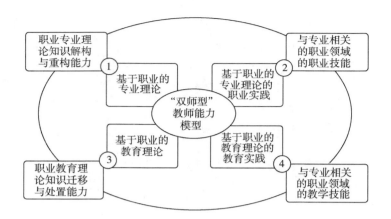

图 7　职业教育"双师型"教师能力结构模型

在国家政策的基础上,我国不少地方也提出了"双师型"教师标准。如《安徽省高等职业院校"双师型"教师认定办法(试行)》《河南省中等职业学校"双师型"教师基本能力标准(试行)》《江西省中等职业学校"双师型"教师认定及管理办法(暂行)》《重庆市中等职业学校"双师型"教师认证标准》等等,对"双师型"教师的认定条件、基本标准等方面做出了规定。曹晔、盛子强(2015)提出了中等职业学校教师专业标准体系,并建议建立国家主导的职业院校"双师型"教师培训制度,建构适应职业院校教师专业发展的制度与培训体系,加强资源建设,加强教师培训与信息技术的融合。

综上所述,本研究认为,"双师型"教师的核心要素包含如下方面。

第一,专业理论知识与实践能力:教师需熟悉本专业领域的知识体系和基本规律;熟悉所教课程在专业人才培养中的地位和作用,所教课程的理论知识、实践知识及课程标准;熟悉所教专业与相关职业的关系,掌握本专业技术工作的内容要求和操作流程、职业技术规范和职业技术操作能力,掌握所教专业涉及的职业资格及其标准;熟悉企业的生产组织方式,在生产过程中最新的应用技术、工艺流程和方法等基本情况,以及具有分析问题和解决问题的能力。

第二,职业教育教学理论知识与教学能力:教师需了解职业教育学、职业教学论(职业教育专业教学论),熟悉中等职业教育教学规律和技术技能人才成长规律;熟悉中等职业学校学生在不同学习阶段以及从学校到工作岗位过渡阶段的心理特点和学习特点；具备组织和处理教材的能力、课堂组织管理能力、与学生沟通的能力、课堂表达能力、自我评价和自我完善能力；同时能熟练使用计算机多媒体、网络技术等现代化教育技术手段，将自己掌握的知识、技能有效地传授给学生。

第三，科研开发创新能力：教师要进行应用理论的研究和高技术的开发与推广，能对生产实际中存在的技术问题加以解决，将理论研究的成果转化为现实的生产力。

（二）我的"双师型"教师形成记

1. 学历提升

我于 1987 年参加工作，1990 年获得北京教育学院饭店服务与管理专业的大专学历；1993 年获得北京教育学院英语专业大专学历；2001 年获得北京教育学院政治思想品德教育专业本科学历；2011 年我考上了北京理工大学的研究生，经过 3 年的学习取得了北京理工大学的教育技术学硕士学位。

2. 专业技能提升

在专业技能方面，我于 1997 年取得北京市劳动局饭店服务高级服务师证书；1999 年获得中教一级的职称；2000 年 7 月取得计算机合格证书；2004 年 4 月通过全国职称外语 C 级考试；2008 年 4 月我获得北京市迎奥运职业院校技能大赛餐厅服务员决赛第二名，并取得服务高级技师证书；2008 年 4 月取得高级调酒师证书。

在实践方面，我曾赴深圳在新王朝酒店工作过 9 个月，到中国大饭店兼职领班，领略世界顶级饭店管理集团的服务理念，也曾带领学生驻会承担大运会的饭店服务工作。

3. 继续教育

在继续教育方面，从 2007 年起我一直参加北京市职业院校教师素质提高、工程酒店管理专业教师的培训，学习新课程改革的理念，与其他学员共同研讨行为导向的教学设计方案；2009 年 3 月，我参加了全国第 25 期职业核心能力培训班的培训；2009 年 2 月 9 日至 15 日，我参加了春潮茶艺培训中心的高级茶艺师的培训，并取得高级茶艺师的证书；2009 年，我参加了朝阳区骨干教师培训班的学习,北京师范大学的朱教授讲授如何确定科研课题、如何进行课题研究,使我收获很多,让我明白了课题研究的方法、步骤,其关键是思考的方法和内容,这一点对我帮助很大。

2009年9月,我有幸去德国柏林学习培训一个月,亲身体验了德国双元制下职业教师的教学,观摩了德国专业课教师的课堂教学,并在德国专家的带领下亲自进行课堂教学设计,体会了小组合作的好处。回国后我把这种方法带给我的学生,让学生们真正感受到小组合作学习的快乐,让德国的职业教育本土化。

作为一名专业教师应该不断地为自己充电,使教学内容与企业的实际更贴近,使我们培养的学生满足企业的需要。为此,我阅读了邓泽民教授、姜大源教授写的新课程改革方面的书籍,了解了专业课如何进行课程改革,使自己的教学理念、教学方法都有了很大的提高。倾听了旅游局规划处处长李明德、职教专家杨文尧校长和庆敏校长的讲座,我清楚地认识到职业教育面临的四个问题,明白了应从哪些方面切入职业教育的改革,了解了服务专业课程设置中应把政策法规课程、饭店发展史、旅游概论、经营与市场这四门课程作为最重要的专业基本课程。2007年5月,我有幸参加了奥地利modul酒店培训学院的资深教授卡尔·沃格诺进行的培训,这次培训让我能零距离地与外国教授进行交谈,学习到国际职业教育的先进经验,了解到奥地利的多元化职业教育体系、五年制的职业教育课程设置的合理性,毕业考试注重能力的考查,严谨、统一的教学规划和雄厚的师资力量,能力模型的教学模式,主张在实践中学习(Learning by doing)。所有这些学习,为我的教学、教科研做了很好的积淀,使我的业务素质有了很大的提高。

4. 团队建设

我在教学一线时,十分注重团队建设。饭店服务与管理专业是学校开办时间早、实力强、信誉度高、美誉度高的专业,是学校的骨干、特色专业。2007年、2008年饭店服务与管理专业教研组被区教委批准为"区级专业创新团队"。在教研组建设方面,我注重提升团队的教科研能力,每个组员都撰写了相关的学术论文,从不同的方面反映了教学改革的特点和成果。同时,专业组注重教育、教学新理念的学习,提高教师的实践能力。专业组 6 名成员认真学习先进的职业教育理念,他们参加了讲座、继续教育、专项培训、拜师学艺等 20 余个培训项目,切实提高了教师的实践能力。专业组每学期积极开展学科活动,提高学生的专业技能。2008 年 4 月 11 日,我校成功地承办了朝阳区服务技能大赛,并且我校服务专业学生在这次比赛中取得了可喜的成绩,有 6 人进入前 10 名,其中有 2 名学生获得服务高级证书。专业组充分利用第二课堂,为学生开设了兴趣小组。我开设了服务和花式调酒课外小组,每周周四、周五的第 7 节课开展活动,主要是学习服务技巧、宴会设计、花式调酒的 16 个基本技法,学生们踊跃报名参加课外小组,充分展现了学生的学习积极性,同时也培养出社会需要的实用型人才。

德国培训收获和体会

2009 年,我参加了为期一个月的德国培训。在这一个月里,我和 13 位队友沉浸在德国文化里,从生活、学习和理念上真真切切地感受和体验德国文化,收获实在是太多,感触实在是太深。在这一个月里,我不但学到了德国双元制下学习领域的教学设计方法和教学理念,而且对德国文化有了更深刻的认识和理解,受益匪浅。

在德国柏林培训日程是十分紧张的。我们每天早上 7 点 10 分集合,乘坐有轨电车或地铁,到学校听课,中午连吃饭带休息共一个小时,之后接着培训。到下午 4 点多钟,我们乘坐城铁大约 50 分钟,去一家叫长城饭店的餐厅吃中式晚餐,晚饭后继续坐 50 分钟的车回到我们所住的公寓。每天到家已是晚上八九点钟,虽然很辛苦,但大家都很快乐,有我们的地方就有欢乐、有热情。

在柏林的一个月的培训,我们共去了柏林的四所职业学校、汉堡的一所职业学校学习,这些学校是柏林的教师培训中心、艾米尔高级职教中心、柏林专科学校、餐饮高级职教中心,以及汉堡的酒店管理学校,其中主要的学习学校是餐饮高级职教中心。在这些学校里我们共听了 10 多节课,其中包括野味的菜单制作、识别酒杯、学会品白葡萄酒、前厅客房预订确认书的书写方法、人事整合、西餐宴会服务、咖啡制作等内容,让我们亲身感受、体验到德国学习领域中学习情境的教学过程,真所谓"百闻不如一见"。我们还参观了柏林洲际酒店、里昂纳多酒店、西亚特饭店和汉堡的四季酒店等四个四、五星级酒店,体验到德国的酒店文化和个性化的服务。共有 10 多位德国教师、主任以及各校的校长给我们介绍德国双元制学习领域方面的课程设置及其实施方法,他们认真、敬业的精神令我们感动,也使我们在理论上了解德国的职业教育实质。我们还荣幸地参与了制作,与德国学生一起进行烹饪的操作、西餐的摆台,比如我们在德国老师的辅导下,学习制作烤肠、烤面包,在咖啡专业教师的示范下,亲手体验烘烤咖啡、制作花式的卡布奇诺咖啡,亲自品尝自己制作的食品,品尝德国的美食,尤其是餐饮高级职教中心的校长为我们精心安排的一次调酒表演,让我们领略到德国的酒文化,亲眼所见德国最年轻的女调酒师傅的风采,令我们终生难忘。在这些内容中我学到了很多有关学习领域的教学设计方法和很多真实的教学情境的设计,能让我在回国后应用到课堂教学中,下面我就具体地谈几点培训体会。

一是真正懂得、明白德国职业教育的双元制。在中国,我们对"德国职业教育的双元制"已不陌生,但双元制真正在德国是怎样运作的,我们知道得很少。通过这次培训,我从德国教师的讲课中、与德国学生的课下交谈中、在参观酒店和在餐厅用餐遇到的双元制的学生中,真正了解了德国职业教育的双元制。

德国是联邦制国家,共有 16 个州,每个州在教育方面都有自己的特色和要求,所以在德国不赞成州与州之间的流动,因此我们所去的柏林和汉堡在教学要求上是有所不同的。

他们之间相同点是:学生在上职业学校之前,必须自己去找工作单位,但前提是必须初中毕业,在企业接收学生之后,学生才能到职业学校接受三年的职业教育。学生每周在学校的出勤情况、在企业的出勤情况,校企之间是互相通气的,任何一方出勤不好,学生都有可能被辞退和退学,同时学生在企业有一个月的试用期,每学年年底学校要派人到企业了解学生的情况,校企之间互相沟通交流,以便学校能更好地为企业提供优秀的学生。在学校学习的内容分理论和操作两个部分,理论部分知识要考试,只有考试合格才能进行实际操作学习(按学习领域来进行学习)。学生在校上课期间,企业照发学生工资,每月的工资为 400 欧元,学生在上班期间一定要有师傅带领。德国法律规定不满 18 岁的学生不能上夜班，所以有些年龄不够的学生只能在企业上白班。

不同点是：汉堡的学生每学期集中6周上课，其余时间在企业上班，企业会根据情况给学生留出上课的时间，工资照发，这样相对集中地上课便于对学生进行管理，也有利于学生对知识系统化地学习；柏林的学生分服务专业和烹饪专业，酒店管理的学生每周上4天班，来学校上一天的课，烹饪专业的学生上一个月的班，再集中回校上一周的课。

我们在听课的过程中深入地了解了双元制，任何事物都有两面性，双元制也不例外。德国的双元制的确与企业联系紧密，学生能有目的地学习，目标性很强，有企业的实习，使学生在学校的学习更具主动性。但也应看到它的不足，如学生的知识掌握得不牢固，老师授课不能按计划完成，原因是学生遗忘了很多，一周只来校上一次课，学习的效果还有待提高。

二是真正懂得行为导向教学法、小组合作的评价方法。我们在课堂教学中，最常采用的是分组讨论，但是我们一般是让学生和同桌或者是前后桌的同学相互讨论，学生的位置基本不变。两年下来，学生的讨论和交流对象相对固定、单一，造成学生在讨论中积极性不高，缺乏新鲜感。希尔特·史蒂芬教授对行为导向教学法的介绍，使我受益匪浅。

行动领域是行为导向的具体体现。行为情境、工作的环境还不足以构成学习领域，把它们综合提炼起来才能形成学习领域。教授总结为以下4点：①从职业情境出发，找到重要、典型的领域和情境；②将细碎、分散的情境综合，提炼出行为领域；③职业学校肩负着国家的委托，肩负着州的教育任务，要符合州的教育文件表述，以职业行为能力为重点。各个州委派给学校的任务不一样，各州间的表述会有差异，如柏林实行"行为导向促进职业能力的形成"。在学习领域中开发出不同的学习情境，学校之间有差异，各校有自主性，设计开发学习情境。教师着眼于重企业中的行为情境。教师要使用合适的方法，促成学习领域的实现。德国教育系统已开发了学习领域，德国教师的任务就是根据学校的具体特点、学生的情况设计，开发出真实的学习情境。

在每个学习情境的教学设计中要遵循6步法，即信息、规划、决定、执行、检查、评估。教授讲授了很多使用6步法的方法，在讲授中让我们一起参与，体会更加深刻。比如信息获取的方法有联想链、头脑风暴、试卷调查、幻想之旅、重点设置游戏、蜘蛛网分析等,可操作性很强。

餐饮高级职教中心校长的姐姐——吉塞拉·克尼格女士,讲授的主要内容是小组分组工作以及对分组的评价。我学习到了以下几点。

(1)小组工作的两种基本类型。类型一:设计一些小的任务,在2~4小时内由学生独立完成,适合让学生熟悉分组工作这种方式,在这个过程中让学生熟悉在分组时常使用的方法。类型二:设计一些复杂的任务,在很长时间内由学生独立完成,实行前提是学生熟悉分组工作这种方式,且具备一定能力,学生常要同时处理很多任务,不适用于刚接触分组的学生。

(2)小组工作有三个层面。第一是客观层面:任务、项目、问题;第二是工作层面:计划(知道怎样计划一个工作)、任务分配(知道怎样分配一个任务)、对时间管理有认知;第三是人员层面(把小组成员当作互相沟通的人):小组关系、沟通的方式、小组成员兴趣和愿望、有冲突出现时怎样处理这些冲突。其中,人员层面占93%,是冰山下面最重要的部分。良好的小组工作这三个方面都要具备。

(3)三种评价小组工作的方法。包括蜘蛛网式、坐标平面、价值平面。这些具体可行的方法,以及理论知识,让我收获很多,知道该从哪些方面进行小组评价,懂得小组评价重在过程的评价,结果不是很重要。

三是思考德国教学方法的本土化。比如在西餐服务课中,班中学生分成两部分:一部分制作沙拉,另一部分进行西餐服务。服务老师按照宴会的工作过程把后一部分学生分为四个小组承担不同的工作。第一小组负责餐具准备,第二小组负责餐桌摆台、给客人服务,第三小组负责餐巾折花,第四小组负责菜台的准备。这四个小组分别进行教学,方法都是一样的:每组请两位同学,一名做学生,另一名做老师负责教学生工作,之后服务老师提问教的人的感受、被教的人的感受,其他同学对两位学生的评价。通过这样的方式进行学习,充分发挥了学生的主体作用、老师指导者的身份。学生休息15分钟后,在学生中推选一名经理,由他来安排餐厅的准备、布置工作。

在厨房制作沙拉的学生,选出一名厨师长,由他与餐厅经理进行商量,确定所有菜品该怎样摆放在菜台上。厨师长回到厨房后，在黑板上逐一画出所有菜品摆放的位置，其他同学可以提问，在无意见后，大家按照示意图把菜品放在菜台上，然后服务老师进行点评，对摆放不合理的菜品进行调整。最后老师与学生共进午餐。多么令人羡慕的授课内容，真希望在北京能有这样的机会。

在参加培训的日日夜夜里，感动我的不仅有这些，还有他们的互动教学，用德国的谚语表述就是：只有真正做的时候才会学得更多。德国老师讲授学习情境设计、小组评价、行动导向教学法等都采用互动的方式，即让我们每位老师参加设计，采取小组的方式进行合作，体会每个学习情境设计的 6 步法。让我们在做中体会、学习，因为我们在中国受到的都是传统式教育，只有切身体会到了，才算是真正地学到了。我感到德国的这种学习情境教学设计，把课堂真正地还给了学生，让学生有广阔的空间去学习、沟通，我自己的亲身体会是下午上课不困了，感到时间过得很快，我想我的体会正是我们现在面临的要解决的问题，我们职高学生没有学习积极性，存在上课睡觉等很多的不良现象。

我们团队 14 名成员来自 5 所不同的职业学校，大家在一起生活了一个月，队员们都非常认真地学习，每次听课后，都能提很多的问题，有的时候要延长下课时间，德国的老师们评价我们是最爱学、最认真的团队。我们每天都有一名记录员，在团长、副团长的安排下，记录员在记，其他成员也都在认真记，大家都拿上自己很沉的电脑，老师边讲，大家边用手敲，那速度、那声音也令德国老师钦佩。每次的小组活动，我们都非常认真地对待，目的是想让德国老师了解到中国的教师也是很棒的。在我们最后一次的教学设计考试中，我们组的设计、手写的教案、自制的 PPT 得到德国校长、主任的好评，他们决定把这第一份中文版的手写教案留下来并保存起来。我们感到非常高兴和荣幸。

一个月的时间很短又很长。短是因为要学的东西太多了，要体会、消化、理解的文化太多了；长是因为我们在这短暂而又紧凑的一个月里确实感受了德国文化，确实学到了很多教学理念和教学方法。这次德国培训对我来说是一次千载难逢的学习机会，让我也深深地感受到学校和北京市教师素质工程为我们所做的一切。我非常感谢学校与商业学校的团长、副团长和老师们，以及北京市的领导们能够为我们提供这么好的培训机会，我一定会珍惜这次机会，一定会学以致用,不辜负学校和领导对我的培养和期望。

四、班主任的苦与乐

在坚持教好书的同时,我从未放弃过育好人。从参加工作起,我担任班主任工作长达 15 年。我觉得,做一个班主任也许不难,但要做一个好班主任就很难了。在 15 年的班主任工作中,我虚心向有经验的教师学习,不断积累教育经验,提高教育工作质量,努力做一名优秀班主任。我树立职业素质观念,抓好入学第一课;为增加集体荣誉感,我从细微处培养服务专业的学生应当具有的团队精神;我运用饭店服务与管理专业的行业要求和规范,提升学生的综合素质等进行班级管理。多年的教育生涯使我认识到:职高学生虽然入学成绩较差,但他们终归是学生,因此,可塑性很强。我认为班主任应当用高度的责任心去启发学生的求知欲;用科学的教育方法去发掘学生的潜能;用平等的尊重心态去培养学生的自信心。我采取的方法是:先让学生树立信心,确定分期进步目标,逐步达到职业高中的教学要求。经过自己的努力,我的学生大多数受到饭店的认可,我也曾多次获得区级先进班主任的荣誉。以下是我在 15 年班主任经历后的总结和感悟,也是我班主任工作的缩影。

(一)让职业素质教育融入班主任日常工作

我是一名饭店服务与管理专业的专业课教师,也是一名具有 15 年经历的班主任。回顾起我从战战兢兢走上讲台到充满自信传道授业,从稚嫩的说教管理班级到目标教育研究学生心理;从被动完成学校任务到积极开展素质教育的班主任工作经历,心中的酸甜苦辣一涌而起。我对曾经手把手扶我走向讲台的老教师心存感激,我对在我做班主任工作遭受挫折时指点迷津并全力支持我的领导和同事深表谢意,同时,萦绕在脑海中的是那些充满职业气质、满含真诚微笑的芬芳桃李。

1. 树立职业素质观念,抓好入学第一课

每每新接一个升级班,我首先注重的是培养学生的四个职业素质,即礼貌素质、敬业素质、专业素质、身体素质。因为多年的实践经验使我体会到,饭店服务与管理专业所要求的职业素质恰恰是中学生应当遵守的纪律要求,而且是中学生行为规范的榜样。为培养学生这方面的素质,作为班主任,我采用从树立四个观念着手,即时间观念、制度观念、服从观念、服务观念。

每一位学生,当他们考入新的学校、跨进新的集体、开始新生活的时候,都会有一种新鲜感和上进心。他们都想得到新老师和新伙伴的重视和好评,都不愿意暴露自己原有的缺点或弱点,因此我在工作中就充分抓住这一教育机会,实行"先入为主"的职业化入学教育。

第一次与学生见面,我就提出作为饭店服务与管理专业的学生应该站有站姿、坐有坐姿。教会他们一个训练有素的服务师该怎样去站、去坐,让他们感受到职业高中的职业特点,并且感受到作为职业高中学生的荣誉。对第一次坐姿、站姿良好的同学及时表扬,由于头开得好,学生们都很高兴地关注自己的姿态。

第一次开主题班会,我启发学生怎样确立班会主题,怎样设计班会议程,并带领学生认真排练,积极背稿,把班会办成职业教育的新阵地。

第一次按照饭店服务要求安排扫除、第一次将学生们按照职业特点设为值班经理,一样样、一件件新鲜而又带有职业特点的活动吸引着学生,头开好了,就为以后带班打下了良好的基础,使学生形成良好的行为习惯,初步具备饭店服务与管理专业的职业素质。

抓时间观念我从几个步骤着手:①对学生讲明道理。从饭店店规出发将时间观念上升到体现热爱集体、体现敬业精神的高度,使学生充分认识到具有时间观念的重要性。②定制度。从要求学生上学不迟到来抓学生的时间观念。我要求学生7:20到校,如果学生7:20—7:30到校记班内迟到,扣德育分1分;如果7:30以后到校扣德育分3分。我多次这样教育学生:"当你第一次被一块石头绊倒那可能是偶然,而如果第二次被同一块石头绊倒时将是耻辱。"因此学生第二次迟到我会与家长电话联系,请求家长在学生按时出勤方面予以协助。如果学生第三次迟到就给予饭店服务与管理中运用的过失单予以惩戒。经过一段时间的训练,学生基本都能做到按时到校,例如,上一学期我所带的班只有一人迟到两次。特别是去年连降两场大雪的天气,家住北京市通州区的学生早上4:00起床只为保证不迟到。

服务员的礼貌素质即文明的语言、优雅的姿态、待人接物的礼节等,这些素质需要在点滴的小事中培养起来,我在班主任工作中也有意识地培养学生这方面的素质。

服务人员的礼貌体现在主动向客人问好,说话时语言要简练、声音要清楚,要学会双手递接物品,等等。我深知这些行为习惯对学生有多重要,而这些对于提招的学生做起来并不是件容易的事。我坚持每天见到学生向他们问好,放学后向学生说再见,让学生在这样的环境中形成习惯,并及时进行鼓励和提醒。对第一个做到的学生及时表扬,随后就有许多学生效仿,我再表扬和鼓励,这样在我和大多数同学共同创造的具有职业素质的良好环境中,个别不能严格要求自己的学生,其言行也得到了约束并进而得到改善。

2. 为增加集体荣誉感,从细微处培养服务专业的学生应当具有的团队精神

群体荣誉激励,是指在班级管理中,通过各种手段和途径,使班级、小组为争取集体荣誉而处于一种竞争的状态。群体荣誉激励是群体参与竞争的动力之一。可通过各种评比竞赛活动,调动班组参与竞争的积极性,并给予得胜者一定的荣誉激励,使班与班、组与组之间形成比、学、赶、帮的局面,这对形成集体观念起到促进作用。

学生爱集体的情感是逐步培养的。通过集体意识的逐步培养,集体可形成协调的行动、良好的风气和积极向上的心理状态,从而使集体成员逐步培养起集体荣誉感、自豪感和责任感,形成一种努力为集体创造荣誉,自觉维护集体荣誉的力量。

为了增强学生的集体荣誉感,我给所带的班提出"让集体以我为荣"的口号。我从抓课间操开始,对自始至终没有小动作、站得很好的学生即时表扬,对做操质量逐一验收,合格的表扬,不合格的批评并相应地扣德育分,使得我班学生都能达标,得到了学校的肯定。

在英语小品比赛中,我们班几个女生认真准备、排练,当她们获得三等奖,为全班争得荣誉时,我及时调动学生的集体荣誉感,让全班同学在同享班级成功喜悦的同时向她们表达赞赏和鼓励。

我班进行规范合格组评比、优秀板报组评比、课间操达标组评比,都是运用

了群体荣誉激励机制进行的,效果很好。学校对班级的管理使用的是十项评比,我让学生自己对其进行细化,从仪表、出勤到上课、值日都很详细,并将其列为规范合格组评比的条件,学生们都积极为组里做好事,带病坚持上课,作业都能按时交,这对于提招班的学生来说是很不容易做到的。在学校进行课间操比赛时,我把任务分到各组,以组为单位进行练习,组长很负责,组员之间互相纠正,掀起了争当达标组的高潮,从而培养起集体荣誉感。在进行小组评比时,我非常强调真实,做到一碗水端平,板报评比请语文老师做评委,课间操达标组评比请体育老师做评委,这样能达到群体荣誉激励的效果。

同时,我在工作中注意物质奖励与精神奖励有机结合。激励存在边际效用递减现象。边际效用递减规律是西方经济学中关于消费行为的一条基本规律,其含义是随着消费者连续地增加某种物品或劳务的消费,他从该物品或劳务的消费中得到的满足感呈递减趋势。班主任通过口头表扬、书面表扬等奖励形式来督促学生的学习和工作。开始被奖励者能从心理上获得一定的满足感,其效用是正的,但如果被奖励者连续多次获得同样的奖励,所产生的满足感将会下降。单一地采取某种奖励形式,会导致学生对奖励"消费"的边际效用递减,会削弱奖励效果。因此物质奖励与精神奖励要交替配合使用,平时对获奖的组给予口头表扬、发流动红旗等奖励,在期末或者是一些评比和活动结束,我会利用班费买一些价钱虽然不贵,但看起来既精美又实用的文具作为奖品奖励表现突出的学生。这样激励了全班同学的上进心和荣誉感,使他们不断感受到来自奖励的正面鞭策。

另外,我还注重培养群体的荣誉感和不满足感。群体的荣誉感和不满足感都能推动群体进步,因此,我在班主任工作中对群体的优秀表现及成果大力表扬,由此激发学生在感到光荣的同时又产生维护群体荣誉的责任感,以推动群体继续前进;同时,我也会即时指出班级存在的问题和缺点使同学们产生一种不满足感,从而激发起学生们维护群体荣誉的行为。

3.运用饭店服务与管理专业的行业要求和规范,提升学生的综合素质

职业高中的学生教育工作非常艰巨,第一,学生入学时文化素质较低,大部分对学习没兴趣,并且部分学生自暴自弃,对自己要求不高;第二,学生在校学

习两年就进入社会,在两年内学校既要培养他们具有良好的职业道德、熟练的专业技能,还要使他们的文化水平达到职高的标准。因此,知识与技能并举、成材和求学并重是职高的教育重点和难点。

美国心理学家詹姆斯曾说:"人类本质中最殷切的要求是渴望被肯定。"多年的教学生涯使我认识到:职高学生虽然入学成绩较差,但他们终归是学生,因此,可塑性很强,我认为班主任应当用高度的责任心去启发学生的求知欲、用科学的教育方法去发掘学生的潜能、用平等的尊重心态去培养学生的自信心。

学生的主要任务是学习,作为班主任我有责任、有义务把他们的精力集中到学习上来,使他们养成良好的学习习惯,为饭店服务与管理专业打好文化基础。从入学摸底考试的成绩看,学生的数学、语文、英语成绩实在太差,如果第一学期不抓,以后的专业课将无法达到要求。于是,我采取的方法是:首先让学生树立信心,确定分期进步目标,逐步达到职业高中的教学要求。

我让每位学生制订了以自己为目标,以前进为动力的上进计划。每位学生只要在自己的基础上有很大的提高就是阶段性成功,不必以全班排名来论高低。并在班里建立坐标图学习成绩表,让每位学生把自己摸底的成绩用三种不同颜色的笔画出来,大家在期中、期末的成绩和原来的成绩相比较,进步、退步情况一目了然。通过这种手段,激发了学生的上进心。

其次在早自习的时间,让科代表每天带领大家默写 10 个职业英语单词、5个饭店英语单词,安排每周三天早自习读职业英语、两天读饭店英语。利用午休时间采取一日一题的方法复习数学,使学生养成早晨背英语单词、读英语课文,中午做数学题、动脑筋的好习惯。经过一学期的努力学生们尝到了甜头,成绩有了不同程度的提高,特别让他们高兴的是这些知识在实习中得到了运用。在大学生运动会和民族运动会中,他们良好的仪表仪容、专业的服务技能和能交流的外语能力得到了与会成员和组委会的好评。

最后我利用学生们在实习中暴露的问题反过来进行再强化解决的方法,使他们将理论应用于实践,再在实践后注重、升华自己的理论水平。

在大运会服务中我发现有一部分女生学习较好,但不爱劳动,显示出自私、待人不热情的一面。男生却不惜力、不怕苦受到师傅的好评。在大运会服务时,学生们明显感受到国内运动员与国外运动员在生活习惯上的差异。大运会的运动员很多,但大多国外运动员表现出有礼貌、守秩序的习惯。例如,国外运动员基本很自觉地收拾餐具并把椅子放好,他们在提问和接受服务时基本都使用敬语,等等。这些给学生们上了一堂更直观的素质教育课。

我以此为契机狠抓学生的生活习惯。首先,使学生养成人走椅子放入课桌的好习惯;其次,锻炼女生主动、大声问好;最后,对不爱劳动的同学多安排卫生值日。在参加完两会的服务后,很多学生都意识到了学习的重要性,我又借此机会狠抓了班级的学风建设。

苏霍姆林斯基说:"要成为孩子的真正教育者,就要把自己的心奉献给他们。"在多年的班主任生涯中,我体会到了作为老师所承担的压力和职业教育的艰辛,也感受到了作为老师奉献的快乐,更品尝到了桃李满天下的甜蜜。我想说,班主任在职业教育中的角色,不仅是园丁,更是那束光合作用不可或缺的阳光。

(二)以尊重赢得尊重,以心灵感受心灵

我国著名的教育家陶行知先生说过:"真的教育是心心相印的活动,唯独从心里发出来的,才能打到心的深处。"从先生的话中,我们不难领会,离开了情感,一切教育都无从谈起。怎样才能使教育的过程成为师生情理互动的愉快过程,进而收到良好的育人效果呢? 多年的实践告诉我最重要的一条原则就是尊重学生,这是教育成功的一把钥匙。

自尊心人皆有之,渴望得到尊重是人们的内在要求。尊人者,人尊之,尊重学生,不仅是教师应具备的职业道德,而且是保证良好的教育效果的前提。尊重学生,首先要了解学生,就职高学生来说,他们大多在 15 ~ 18 岁,世界观已初步形成,自我意识接近成熟,自我意识、独立意识更强,没有养成良好的学习习惯,在初中被视为差等生,经常受到批评。这个时期尤其渴望得到别人、特别是老师的理解和尊重。教育活动是双向的,教师尊重学生,才能赢得学生的尊敬;学生尊重老师,老师的教育活动才会卓有成效。

1. 尊重学生的人格

教师尊重学生,首先要尊重学生的人格。教师对学生有管理教育的权力,有按照社会主义教育目的塑造学生的权力,但在人格上与学生是平等的。多年

的班主任工作使我深深地体会到,教师不应自视比学生"高人一等",总是在学生面前表现出"高深莫测""凛然不可侵犯"的派头,体验所谓"尊严"对学生的爱。教师不应是居高临下的"平易近人",而是发自肺腑的对学生的爱。这种爱的表达既是无微不至的,又是不由自主的,这种爱的表达能让学生体会到老师是真心为他好的,是真心帮助他、让他进步的。比如上课时,面对学生的问候,不是礼节性地点点头,而是充满真诚感激之情的深深鞠躬;气候突变,当我们感受寒冷或炎热时,是自然急切地提醒学生"多穿一件衣服"或洒上一盆凉水帮助降温;每逢节日,我都会在放学时祝福学生,并嘱咐学生回家问候家长、多帮家长做些力所能及的事;每到学生生日时,我会送上小礼物;在课上和班级管理上,发扬民主作风,不把自己的话当金科玉律,心平气和地对待持不同意见的学生,并勇于承认自己存在的缺点和不足;批评学生的错误和缺点,努力克制自己的情绪,宽容地给其一个为自己辩解的机会,激发其奋发向上、努力改正……从某种意义上讲,教师的真正尊严,并不是我们个人的主观感受,而是学生对我们的道德肯定、知识折服和感情依恋。当我们故作尊严,甚至以牺牲学生的尊严来换取自己的尊严时,学生根本不会买我们的账,只会向我们投来冷漠的目光;当我们"无视"自己的尊严,而努力追求高尚的品德、出色的教育、真诚的感情,并随时注意维护学生的尊严,尊重学生的人格时,学生会把他们的爱心和敬意奉献给我们,教师的尊严丰碑便也在学生的心中树立起来。

2. 尊重学生的感情

职业高中生往往把感情看得很重,如果有意无意伤害了他们的感情,就会刺伤他们的心。学生特别喜欢尊重他们感情的老师。职业高中学生早恋是社会普遍存在的问题,是我们班主任老师最头疼的问题之一。我认为要采取积极有效的方法来处理好学生早恋问题。

职业高中学生早恋究其原因主要受主观因素和客观因素两方面的影响。主观因素方面:一是学生正处在青春期,喜欢与异性交往;二是职高生不爱学习,学习压力小。客观因素方面:一是社会不良因素的影响;二是受家庭因素、家长的素质影响。职业高中生早恋带来很多弊端,多数职业高中生打架都是因此引起。在工作中我感到老师要尊重学生的感情,利用班会心平气和给学生讲道理,帮助学生分析早恋的利与弊。在带班中我首先给学生讲如何与异性交往,告诉学生,老师不反对男女生之间的交往,但如何交、怎样交才能有利于大家的成长。异性交往是人的心理需要,特别是处在青春期的学生,是正常的行为和心理,大家可以很坦率地在一起聊天、学习,这有利于男女生之间取长补短。但如果总是两个人单独在一起就容易影响学习、影响与其他同学的交往。恋爱要具备条件,有经济基础、能独立生活、具有文凭等,作为学生应努力完成自己的学业,为今后的工作奠定基础。通以讲述以上内容,班会以后,大多数学生能正确处理好与异性的交往。

学生终归是学生,总有些不听话的、一意孤行的学生。我现在所带的服务班就有早恋的学生,我曾经与他们分别谈过,收效甚微,又与家长联系希望得到家长的配合,但家长也没有办法。在高二的最后一个学期,我感到不能因为这些就把学生压制住,我渐渐发现孙某英语学习的积极性很高,做操十分认真,于是在班上及时给予表扬,并让她担任职英科代表,孙某特别受感动,她没有想到我会这样做,因此逐渐重视自己的学习,开始有积极性和上进心了,做事也考虑后果,我再与她交谈时她没有了思想顾虑,主动与我讲他们之间的矛盾,我就耐心地跟她谈心,我们师生间的关系就更融洽和友好了。由此可见,如果我们都能够尊重他们的感情,同时用恰当的语言给予正确的引导,是能够收到好的教育效果的;反之,如果由于不尊重学生的感情而伤了学生的心,那是很难补救的,很可能还会适得其反。

3. 尊重学生的独立意识

学生需要教师的教诲、关心和爱护,同时也需要教师对他们独立意识的尊重。因此,教师要有意识地保护他们的独立意识,培养他们的独立生活的能力。在自己做班主任的过程中有过这样的经历:班级工作非常认真负责,整天泡在班里,一切都亲力亲为,整天忙于处理班级的各种具体事务,但结果却事与愿违,我刚一离开教室,班级又乱作一团。究其原因,是学生的自制能力没有培养起来。通过学习和实践,我认识到学生的发展过程表现为一种自我培养、自我塑造的过程,在班级管理上,在坚持班主任把握方向的前提下,使学生逐步学会自我管理,成为班级管理的主人。

我带的高二(5)班在班级管理上比较注重学生的自我管理,注重培养独立生活的能力。早自习、午休、值日、板报等,都由学生负责管理,我主要起着指导、督促、检查的作用。比如早自习,每天7:10学生一进教室,学习委员就在前面管理班级,让教室保持安静,学生可以吃早点、看书、做值日,但不能大声喧哗。7:20开始在2分钟之内收完作业,之后科代表开始带大家进行早读。学生们现在已经养成了安静上早读的好习惯,班干部、科代表的工作能力逐步提高。

在出板报时,我发挥小组的力量,每组出一期,进行小组竞赛,特别是毕业前的最后一期,学校要进行板报评比,正好赶上第五组负责,我有点儿担心,怕他们出不好,但是他们组信心十足地说:"老师您放心,我们一定会获得一等奖。"全组在组长的带动下,一起设计版面、找资料、画图案、写字,出了一遍又一遍,最后在大家的共同努力下,我们班的板报获得全校一等奖。

今年学生毕业前,学生们满含眼泪、依依不舍地对我说:"六百多个日子,难忘您的关心和爱护,无论我们走到天涯海角,您的教诲会时时激励和鞭策我们;无论您走到海角天涯,我们的祝福将永远洋溢在您身边。"听到这儿我的泪水夺眶而出……这也许就是心心相印的感触吧!让我们每个人都铭记陶行知先生这句话:"在实践中去尊重学生,让每个学生都抬起头来走路。"

当我再次打开尘封了十多年的班主任回忆时,我在教育一线与学生教学相长、"斗智斗勇"的共同成长经历又浮现在眼前。我想告诉初入职教行业的新人:"当一名合格的班主任是作为教师生涯的起点,你在教育别人的同时,也教育了自己。"

第三章

职教培训，引领助力

2010 年,朝阳分院高瞻远瞩,从无到有地开展了职教培训业务。而我有幸成为从事职高教师培训工作的组织者和实践者。

作为一名教师的教师,看起来是一个光荣的职业。但是从一线教师成为教师培训者,一切都要从头开始,这也是对我新的考验。培训什么、怎么培训都需要从头设计。在朝阳分院工作的这些年中,在院领导的领导下和中心主任的支持下,我们的职高教师培训工作经历了从无到有、从零星到系统、从传统到创新的过程。

记得 2012 年院里要求来分院不足三年的老师每人做一节研究课,这着实让我紧张,因为作为职教老师我不知道用什么视角才能与我的这些有着多年培训经验的同事产生业务的碰撞。我请教朝阳分院有培训经验的老教师,收集资料,认真研究准备,确定了"合作学习"的培训内容,在得到老师们的认可之后,我的自信心大增,同时也从其他老师的课中学到了很多,为后面陆续开展职高教师培训奠定了基础。我深感培训工作的不容易,半天的课程内容需要准备一个星期。

通过职高教师教学能力提升培训,我共组织培训了近千名教师。我深深地感悟到"唤醒"的培训理念,通过培训,唤醒职高教师内心深处的那种积极的创造力量、潜意识中的学习精神。作为培训者要在引领中唤醒,在氛围中唤醒,在人格感染中唤醒,引领要靠专业,氛围要靠平台,感染要靠精神。通过自己的努力,工作也取得一些成绩,在朝阳分院工作的这些年,我获得了市优秀教师、市骨干、区学科带头人等荣誉称号,同时在自己的指导下,我帮助的新任教师也取得了令人可喜的成绩,例如教龄不足 3 年的电气工程学校的刘畅老师,在 2016 年获得全国职业院校信息化教学设计一等奖的好成绩;6 位新教师参加朝阳区信息化教学设计比赛,都获得较好的成绩。

一、能力为本的教师培训

教师培训在当前我国职业教育发展中备受关注,采取了许多重大行动,但效果并不理想。关于教师培训的话题也成为批评最多的话题,似乎大学都在指责教师培训如何不好:从培训目标到培训评价,从培训内容到培训方法,从培训模式到培训项目。其中一个重要的问题,是缺乏基于教师岗位基本能力要求的、整体的、长期的系统化设计。系统培训模式就是通过分析培训需求、设计培训、实施培训和评价培训等一系列符合逻辑的步骤,有计划地实施培训。以能力为本位的系统培训模式就是依据教师职业生涯的理论观点制定各阶段教师能力标准,然后根据教育的发展和工作需要,确定专题培训目标、制订培训计划、安排教学内容和师资、选择培训方法以及评估培训效果,从而形成培训的循环圈。

能力本位教育与培训(Competency – Based Education and Training, CBET)的思想和实践最早产生于美国,现成为当今社会培训与职业教育的根源性、基础性的理论。目前,"能力本位"教育与培训被广泛应用在职业教育的课程设计与开发及教学等重要领域的理论建构与实践创新中。能力本位培训是一种以能力为本,注重提高素质能力和培训结果的运用的培训方式。它以结果为本,强调系统管理,注重培训效果评估;它是人本管理培训发展的新阶段,它是通过采取各种有效的培训方法,最大限度地挖掘、发挥、发展人的能力,把能力作为培训目标的新型培训模式。这种培训模式可以有效引导教师磨砺教学技能、增长教育教学实践性智慧,提高其钻研教材、把握学情的能力,有效提高教学的能力。

CBET 模式有以下几个方面的特点:①以职业所需的能力作为教学和培训的核心;②需求能力的标准包括可接受的程度和所要求条件;③教学和培训旨在帮助学习者获得既定的能力;④教学和培训过程中学习者可以自定学习步调和学习速度;⑤教学和培训强调学习者的自主学习和自我评价;⑥培训课程具有灵活多样性和管理的科学严格性;⑦最终的评价注重对能力在真实的情况中运用的体现。

学习者的学习进度是以学习者是否获得能力而非学习时间的长短来决定的,这是能力本位教育与培训模式的基本精神之一。20 世纪 60 年代,美国教育部门开始探索有关师资培训的有效模式,并最终形成了教师的能力本位的教育与培训模式，其重要特征有：①在培训过程中合理运用现代教育技术，及时强化正确行为，纠正错误；②在培训过程中注重理论与实际的有机结合，加强对实际操作环节的训练；③将教师必须要掌握的技能和教学行为标准进行分析和归类；④以培养能够解决实际问题的教师为根本培训目标；⑤训练过程突出个性化，以"个性训练"代替"集体授课"；⑥根据既定的教学行为标准、掌握教学能力的情况对受训者进行评估考核。

中等职业学校教师要掌握系统的专业知识和专业技能，能根据培养目标设计教学目标和教学计划，并能运用讲练结合、工学结合等多种理论与实践相结合的教学方法实施课堂教学。同时，中等职业学校教师要能主动收集、分析毕业生就业信息和行业企业用人需求等相关信息，不断反思和改进教育教学工作。中等职业学校教师要达到这样的目标，运用能力本位教育与培训的理论将是不可避免的。

到朝阳分院以后，我们依托系统论和控制论的思想，从中等职业学校专业课教师教学岗位能力需要入手，按照教师岗位培训的工作流程展开设计，通过需求调研、制定标准、开发培训课程、编写培训教材、培训实施、评估测评、反馈提升等步骤，最终实现了教师岗位培训过程的系统化。

（一）需求调研

需求调研是培训有效实施的基础。为了有效地组织与实施职高教师继续教育，促进职高教师的专业发展，提高职高教师的整体素质，我在"十二五""十三五"时期分别对职高教师队伍建设和教师专业化发展需求做了相关的调研工作。

1."十二五"需求调研

"十二五"调研发现，以2010年北京市最新评选的骨干教师为准，朝阳区职高市学科带头人5人，市骨干18人，全区职高教师共726人，占3.2%。朝阳区职业高中各类骨干教师共96人，占全体职业高中专任教师13.2%。从这些数据中可以看出，朝阳区职业高中的市区骨干教师数量明显不足。同时，从目前的情况来看，骨干教师的教、科、研能力比较薄弱。

对于职业高中"双师型"教师队伍的内涵，应不仅仅是取得专业方面的较高级别的证书,更应该是专业课教师下企业亲身实践,连续体验几个月,并得到企业领导的较高评价,这样才能是真正意义的"双师型"教师。6所职业高中都在规划中把专业课教师下企业实践作为重点培训的内容,但是各校在执行中会遇到很多困难:专业课教师课时量很大、教学任务繁重、教师下企业实践的工资待遇、是否计入继教学分,如果能把这些关系到教师们切身利益的具体问题解决好,专业课教师下企业实践的需要是能具体落实和付诸实施的。

在文化课的新课改教学实施中,专业课正在进行的以工作过程为导向的课改试验中,6所职业高中都很重视教师课堂教学方法、教学模式的改革。专业课教师不同于行业专家之处就在于他要会教学生,怎样把工作的具体内容转化为学生学习的内容,怎样进行教学设计和教学实施;文化课教师在于怎样激发职高学生的积极性,怎样把学科知识与职高学生身边的生活、今后的工作岗位紧密联系起来,从而提高课堂的实效性,这些都是教师教学能力的内容。

从6所职业高中教师结构分析来看,35岁以下的青年教师所占比例较大,青年教师的迅速成长和发展,是各校重要的培养内容。在"十二五"期间通过开展"青年教师成长工程",着重培训青年教师的教育、教学基本功,以行动研究促进青年教师快速成长。

教师们建议:①提高培训的针对性、实用性和时效性,提高教师的综合素质、专业素质和执行力,做到三到位——工作落实到位、水平提高到位、干劲发挥到位。②多提供专业课教师下企业实践的机会,多安排专业能力的实践,使教师能将以工作过程为导向的教学真正开展起来,否则,没有实战经验永远是纸上谈兵。同时,在教师下企业实践时,需要学校给予充分的时间保证和生活保障。③合理安排教师培训,大波轰的培训要少一些,不要突击找学分。④培训的方法要多样化,少安排集中培训,减少你讲我听的灌输式培训,培训以教师为中心,采用参与式的培训方式,让老师动起来,培训要成为教师所期待向往的事情。由以专家讲为主,转向教师与专家的讨论互动;由讲座式转向研讨式;由重理论培训转向重教学观摩、案例研讨,特别希望专家不仅能进行理论培训,更能进行课堂教学示范。多请在行业一线的专业技术人员进行培训;有资历、有经验和有深厚履历的企业专家进行教师培训。多组织多参加行业内的活动,成为行业的专家;多组织校际之间、跨省份的听课交流,开阔视野,相互学习。⑤
在培训的内容上:多组织观摩课、研究课、评优课、集体备课,多听优质课、多听
课改课,加强教学模式、课堂组织技巧方面、课堂教学方法、课题研究和技能的
培训;请专家到一线做观摩课教学,带一线教师到企业观摩学习,带一线教师到
各地职业学校学习;以工作过程为导向进行专业培训,进行教学观摩。文化课
与专业课教师培训分开,专业课要将培训课程与专业特点紧密结合起来,能够
给专业教师切合实际的培训,这样长此以往才能使教师主动地参加培训,使我
们有实效性。⑥多开展一些关于心理学方面的培训,对教师自身及教师与学生
的沟通都有好处。"十一五"的心理健康培训收获很大,感觉非常好,希望能有机
会进一步学习。⑦新教师采用师徒的方式最好。⑧课题研究是目前所倡导的,希
望增强科研能力,但是对于什么是课题,课题怎么研究,很多老师就像一张白纸一
样,感性认识都没有,何谈更深层次的反思、撰写,希望给予针对性的培训。

2."十三五"需求调研

通过教育培训提高职业教育教师的职业能力和职业素养,建设一支高水平
的教师队伍,是提高职业教育质量、实现职业教育可持续发展的重要途径。为
总结"十二五"职业高中教师培训经验,发现教师成长发展的规律,更好地开展
"十三五"职业高中教师培训,进一步增强培训工作的针对性、实效性和科学
性,使教师更有获得感,我们与北京师范大学职业与成人教育研究所共同制订
方案,采用问卷的形式对职业高中教师的培训需求进行调查。

我们调查了3所职业学校(北京市求实职业学校、北京市电气工程学校、北
京市劲松职业高中)的教师。调研内容包括对教师培训现状的调查,以及教师
对在职培训的认同感和改善期望调查,包括培训方式方法、培训时间和培训师
资等方面。我们采取抽样方法以及线上问卷发放与回收的调查方式,内容包括
对教师个人信息、培训现状、培训需求的调查。为便于统计分析,问卷的问题设
计以封闭式问题为主,辅以部分开放式问题。2015年11月23日,通过网络方
式向各学校教师发放了问卷,截至2015年12月14日,共发放问卷305份,回收
问卷305份,回收率100%,有效问卷305份。

调研发现,有80%的被调查教师对校级或区(市)级以上教育主管部门组

织的教研活动、学术交流活动及相关培训效果满意,大部分教师都表示乐意参加培训,意识到培训不仅是为提高学历或为晋升职称,而且是为促进自身的专业的发展。

大部分教师首先对与教学相关的培训内容(比如教学方法、教学模式、信息化教学设计、现代教育技术等)需求最迫切;其次是对企业实践知识的需求。对于培训所采取的方式方法,大部分教师更倾向于现场考察观摩、案例分析、导师引领。

大部分的教师认为对培训效果影响最大的因素是"培训内容的实用性"、"培训的方式方法"和"培训讲师的授课水平"。

因此,建议优化培训形式。针对中等职业学校教师对培训内容、培训时间、培训地点、培训形式等多方面的需要,制定有针对性的、灵活的培训模块。改进培训方法,优化培训内容,丰富培训形式,特别是对教学方法、教学模式、信息化教学设计、现代教育技术等内容的培训。建议加强企业培训。调查显示,大部分教师毕业于普通师范院校(56.72%),仅有 12.13% 的教师有企业工作经历,65.25% 的教师没有参加过企业实践,缺乏企业实践所带来的知识和能力。应在现有校本培训、校外基地培训的基础上,努力拓展校企合作培训、企业培训等形式,充分利用社会培训资源,提高教师的专业实践能力。

(二)制定标准

朝阳区职业学校由三所国家级示范校——北京市劲松职业高中、北京市电气工程学校、北京市求实职业学校和两所特殊职业学校(北京市朝阳区职业技术学校和北京市朝阳区安华学校)组成。2011 年的数据显示,共有文化课教师368 名,专业课教师389 名。通过对职业学校教师调研,职业学校教师的教学能力如何提升是我们当前所需要解决的问题。

为了促进中等职业学校教师专业化发展,满足北京市中等职业学校"以工作过程为导向"课程改革的需要,聚焦职业学校教师教学能力提升,解决专业课教师在教学能力方面无本可依、无纲可循的问题。朝阳分院从 2011 年开始,在北京教育学院李晶教授、中等职业学校课程改革专家的指导下,以朝阳分院2009 年研制的《朝阳区教师教学基本能力检核标准》(中小学)为模板,借鉴了

《中等职业学校教师专业标准》中的相关要求,运用文献法、问卷调查法、访谈法等研究方法,结合中等职业学校专业课教师教学实际,在 2012 年制定出《中等职业学校专业课教师教学基本能力标准》(以下简称《标准》)。

《标准》从"课程分析能力"维度进行了拓展,将教学能力划分成 4 个维度(课程分析能力、教学设计能力、教学实施能力和教学评价能力)、13 个核心能力。

课程分析是基于一定的课程观,按照特定的框架,对某一课程文本或课程实施过程进行分析的过程。根据北京市以工作过程为导向的课程改革理念,达到有用、有趣、有效的课堂教学效果,作为中等职业学校专业课教师需要具有课程分析能力,包括课程标准理解能力、基于岗位工作任务的内容选择能力和单元的设计能力。

教学设计是根据教学对象和教学目标,确定合适的教学起点与终点,将教学诸要素有序、优化地安排,形成教学方案的过程。具体结合中等职业学校专业课教学特点,教学设计能力包括目标制定能力、过程设计能力。

教学实施是针对中等职业学校学生的具体特点,通过导入、提问、激励等手段激发并维持学生的学习动机,获得有效反馈信息,从而及时进行有效的调控;能使用教学语言,表达简洁、清晰、逻辑性强、富有启发性,保证能精讲多练;在操作示范方面准确熟练,能用语言准确讲解,精、练与示范有机结合;能及时准确地发现学生完成任务过程中存在的问题,适时、有针对性地评价、指导和反馈,使学生能顺利完成任务,课堂秩序井然,师生关系融洽。教学实施能力包括激发动机能力、信息传递能力、多向互动能力、及时强化能力、课堂调控能力、学习指导能力。

教学评价能够依据教学内容和目标制定,确定有针对性的考核内容和标准,能运用激励性和发展性的评价方法,采用多元评价方式,有效地对学生的职业能力做出评价,同时教师能够反思教学,善于总结和提升。教学评价能力包括质量评价能力和教学反思能力。

31 个能力要点按照合格、良好、优秀三个层级进行描述。采用这样的结构划分,既能让教师明确各等级之间的差异、及时发现自身存在的不足,又能结合能力要点要求对教师的实际工作进行指导,给教师以切实的支撑。

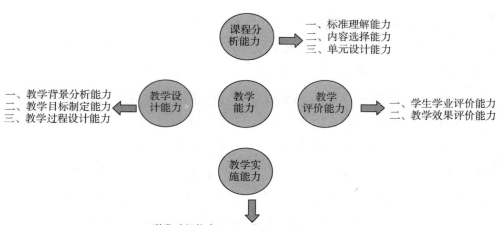

一、激发动机能力　四、多项互动能力
二、信息传达能力　五、及时强化能力　七、学习指导能力
三、追问提问能力　六、课堂调控能力

北京市朝阳区中等职业学校专业课教师教学
基本能力标准（试行）

一级指标	二级指标	能力要点	合格	良好	优秀
课程分析能力	一、标准理解能力	（一）正确理解课程标准	了解专业课程标准（教学大纲）所规定的课程性质、定位、任务、学习内容及教学要求	理解专业课程标准（教学大纲）所规定的课程性质、定位、任务、学习内容及教学要求	准确把握专业课程标准（教学大纲）所规定的课程性质、定位、任务、学习内容及教学要求
		（二）准确把握能力目标	理解本课程提出的职业能力目标（学习目标）以及各学习单元的教学目标	准确理解本课程提出的职业能力目标（学习目标）以及各学习单元的教学目标	理解并能正确把握本课程的职业能力目标（学习目标）以及各学习单元的教学目标

续表

一级指标	二级指标	能力要点	合格	良好	优秀
		（三）熟悉岗位工作情境	了解岗位工作及职业活动情境,能为实施职业行动导向进行教学情境的准备	熟悉职业活动情境,能为实施职业行动导向教学进行场所、环境、设备、工具、组织等教学情境的准备	熟悉职业活动情境和职业活动要求,能为实施职业行动导向的教学进行有效的情境设计与准备
		（四）完整描述工作任务	了解基于工作过程（活动）的教学任务及课程内容;正确描述基于工作过程的教学任务及课程内容	掌握基于工作过程（活动）的教学任务及课程内容;正确描述基于工作过程的教学任务及课程内容	熟练掌握基于工作过程（活动）的教学任务及课程内容;准确描述基于工作过程的教学任务及课程内容
二、内容选择能力	（五）正确选择教学内容	借助课程标准、教材、讲义、工作页、任务书等资料,按照理论与实践一体化（讲练结合）的要求选择教学内容	能够借助职业活动分析表、课程标准、讲义等资源,按照理论与实践一体化（讲练结合）的要求合理组织教学内容	能够依据岗位工作任务分析、职业能力分析、课程标准等教学资源,正确选择、组织编排理论与实践一体化的教学内容

续表

一级指标	二级指标	能力要点	合格	良好	优秀
		（六）有效创设教学情境	了解职业活动情境和岗位技能要求，能够根据单元教学设计的要求，初步确定工作情境和教学环境	熟悉职业活动情境，基本掌握岗位技能。能配合学习单元教学设计确定工作情境和教学环境	熟悉职业活动情境，熟练掌握岗位技能。能为学习单元设计与实施创设工作情境和教学环境
三、单元设计能力		（七）清晰设定单元目标	确认学习单元的教学目标、教学活动目标和实现目标的教学活动	能够合理选择教学载体，理解教学设计中学习载体的选择方法及其优势	能够恰当选择教学载体，并全部承载学习单元的教学任务和教学目标
		（八）认真准备学习资源	根据单元教学任务的需要，准备好学习资源，如任务书、工作页/学习页、课业手册、检测单等	能够根据单元教学设计的需要，设计相关的教学资源，如任务书、工作页/学习页、课业手册、检测评价单等	根据学习单元的教学目标，设计符合行动导向、体现学生主体的学习资源，如任务书、工作页/学习页、课业手册、检测单评价等

续表

一级指标	二级指标	能力要点	合格	良好	优秀
教学设计能力	一、教学目标制定能力	（一）客观分析学生情况	能够基本了解学生的知识和能力基础,对知识准备情况、学习新知识、新技能可能遇到的困难;了解和分析学生的个性特征	掌握学生的知识和能力基础,对知识准备情况、学习新知识、新技能可能遇到的困难有了解和分析	清楚全体学生的知识和能力基础,对学习新知识、新技能的准备及可能遇到的困难,充分了解和分析"智力类型",开展个性化教育
		（二）科学表述三维目标	能够从知识、能力、情感态度与价值观三个维度准确、具体地表述教学目标	能够从知识、能力、情感态度与价值观三个维度准确、具体地表述教学目标,可操作、可检测	能够从知识、能力、情感态度与价值观三个维度准确、全面、具体地表述教学目标,可操作、可检测,具有较强的针对性

续表

一级指标	二级指标	能力要点	合格	良好	优秀
		（三）确定教学的重难点	能够根据课程标准的要求、教学内容、学生认知特点，确定教学重点与难点	能够根据课程标准的要求、教材内容（或工作任务）和学生实际，较准确地把握教学重点与难点	能够根据课程标准的要求、教材内容（或工作任务）和学生实际，准确地把握教学重点与难点
		（四）合理安排教学流程	能够完整安排符合逻辑的教学流程，教学重点突出，对时间安排有预设	能够安排符合工作过程、知识逻辑的教学流程，教学重点突出，时间安排合理，能体现目标的要求	能够合理安排符合工作过程、知识逻辑的教学流程，体现突出教学重点、突破难点、实现目标的设计，时间安排合理

一级指标	二级指标	能力要点	合格	良好	优秀
二、教学过程设计能力		（五）有效设计教学活动	能够围绕教学目标设计教学双边活动,指导学生运用学习资源,并能恰当安排检测方案	能够围绕教学目标设计教学双边活动,发挥学生主体作用,并能设计有效检测和评价的方案;能指导学生使用学习资源	能够围绕教学目标设计教学双边活动,发挥学生主体作用,并能设计分层次的教学活动效果检测评价方案;指导学生有效利用学习资源
		（六）灵活选择教学策略	能够根据教学目标、内容和学生实际,选择行动导向的教学方法组织教学和学习方式	能够根据教学目标、内容和学生实际,恰当选择教学方法及合作学习方式,突出教学重点、突破教学难点	能够根据教学目标、内容和学生实际,利用行动导向的教学方法和多元互动等学习方式有效突出教学重点、突破教学难点

续表

一级指标	二级指标	能力要点	合格	良好	优秀
教学实施能力	一、激发动机能力	（一）营造良好学习环境	能够营造整洁有序的教学环境，并以稳定的情绪进行教学	能够营造整洁有序的教学环境，以稳定的情绪和良好的心态进行教学；能够稳妥处理课堂中的突发事件	能够营造整洁有序的教学环境，并以稳定的情绪和良好的心态进行教学；能够将课堂突发事件转化为教育契机
		（二）有效激发学习动机	创设贴近职业的教学活动作为导入和展开学习的情境，吸引多数学生的注意力	创设贴近职业的教学活动作为导入和展开学习的情境，能够有效激发学生的学习兴趣	创设贴近职业的教学活动作为导入和展开学习的情境，能够有效激发学生持久的学习动机
	二、信息传达能力	（三）教学语言精练生动	教学语言表达清楚，语速、音量适中；教态自然、亲近	教学语言准确、简练，语速、音量适中，表达通俗形象	教学语言准确、简练，富有感染力，并能用肢体语言加强信息传递效果

一级指标	二级指标	能力要点	合格	良好	优秀
		（四）教学媒体恰当运用	能够根据教学目标和内容选择运用教学媒体；能够运用信息化教学手段	能够根据教学目标和内容合理选择并恰当运用教学媒体,调动学生的学习主动性;具有信息化教学设计的初步能力	能够根据教学目标和内容合理选择、设计制作并恰当运用教学媒体;制作并较好地应用信息化手段实施教学
三、多项互动能力		（五）教学组织方式有效	能够根据教学目标、内容,采用恰当的教学方式组织教学;组织自主学习、小组合作、全班讨论等教学活动	能够根据学习需要和特定学情,组织同位交流、小组合作、全班讨论、社会实践等学习活动	能够利用真实或仿真环境组织学做结合的学习活动,能够掌握恰当分组、有效分工、控制时间等技能
		（六）认真倾听及时反映	能够根据教学设计适时进行课堂提问;能够与学生互动,鼓励学生大胆发言	能够倾听并与发言者交流,引导学生展现思考过程;促进师生互动,能系统地指导同学倾听	能够倾听并和学生交流,能适当指导全班学生对课堂发言做客观评价,有效促进师生、生生的真正互动

续表

一级指标	二级指标	能力要点	合格	良好	优秀
四、及时强化能力		（七）强化重点突破难点	能够运用重复、语言变化、板书、准确到位的示范操作等强化教学重点，突破教学难点	能够运用媒体演示、示范操作等多种方式，强化教学重点，突破教学难点	能够熟练进行示范操作，能够灵活恰当运用多种手段，借助丰富的教学媒体，强化教学重点，突破教学难点
		（八）强化学生积极表现	能够对学生的积极表现（包括行为习惯、思考问题的方法、态度等）进行鼓励	能够根据学生特点对其积极表现（包括行为习惯、思考问题的方法、态度等）进行激励强化	能够随时根据学生特点对其积极表现（包括行为习惯、思考问题的方法、态度等）进行有效强化

续表

一级指标	二级指标	能力要点	合格	良好	优秀
五、课堂调控能力		（九）合理调控教学走向	能够控制课堂时间和教学节奏；能够按照教学设计的思路，控制课堂教学的走向；营造和谐氛围	能够根据学生状态对时间和节奏进行及时调整；能够把握教学设计的思路，较好地处理生成性问题，控制教学的走向；有意识地创设和谐课堂	能够根据课堂上不可预知的学情，灵活调整时间分配，达成教学目标；能够准确把握教学重点，并灵活处理预设外的教学内容；课堂氛围和谐、融洽
		（十）根据反馈灵活调整	能够根据教学反馈的信息，对教学内容和进程进行调整	能够根据教学反馈的信息，对教学内容和进程进行合理调整	能够根据教学反馈信息，在单元的框架内灵活调整教学内容和进程
六、学习指导能力		（十一）关注个体照顾差异	关注个体学生在自主、合作中的需求，并能适度对学生进行个别指导	能够观察各类典型学生的反应，指导学生自主、合作学习、探究学习，培养良好的学习习惯；能够分层次布置有一定弹性和选择性的作业	能够关注学生合作意识和学习能力的培养；能根据学生的个性特点，采用多种方式，适当给予不同的学习任务和要求，并进行重点指导

一级指标	二级指标	能力要点	合格	良好	优秀
教学评价能力	一、质量评价能力	（十二）指导学法培养思维	能够在教学中渗透学习方法和思维方法的指导	能够根据教学内容恰当指导学生的学习方法和思维方法；培养职业意识、专业能力、方法能力和社会能力	能够根据课程特点有效指导学生的学习方法和思维方法，提高职业素养
		（一）掌握考核评价标准	能够依据教学内容和目标，选择考核内容和标准，能够运用过程与成果结合的方式进行评价	能够依据教学内容和目标，确定考核内容和标准，能够运用过程与成果结合的方式进行多元评价；评价主体多元	能够依据教学内容和目标确定有针对性的考核内容和标准，能够较好地运用过程与成果结合的多元评价方式
		（二）科学选择评价方法	能够根据教学要求和学生情况选择、运用评价方法；能够关注学生综合职业能力的评价	能够根据教学要求和学生情况选择、运用激励性的评价方法；能够对学生职业综合能力进行客观评价	能够根据教学目标和学生情况选择、运用激励性和发展性的评价方法；能够有效地对学生职业能力做出评价

续表

一级指标	二级指标	能力要点	合格	良好	优秀
二、教学反思能力		（三）有效利用评价结果	能够针对考核评价结果及时对个别学生进行辅导	能够针对考核评价结果查漏补缺及时对学生进行辅导	能够针对考核评价结果查漏补缺及时对学生进行辅导,对不同程度学生提出新的要求
		（四）科学运用评价方式	能够依据评价标准,对自己或他人的教学进行评价	能够依据评价标准,对自己或他人的教学进行客观评价,尊重学生的评价,发现问题、改进教学	能够依据评价标准,有理有据地对自己或他人的教学进行评价;尊重学生的评价,发现问题、改进教学
		（五）反思评价改进教学	能够及时反思自己的教学,结合他人的评价不断认识、发现问题	能够坚持教学反思,结合他人的评价不断改进教学,善于总结和提升	能够反思教学,不断积累、丰富自己,能结合他人的评价不断改进教学,并善于总结和提升

注:一般来说,良好层次的要求包含合格层次的要求;优秀层次的要求包含良好层次的要求

（三）开发培训课程

依据《标准》，按照教师的专业发展阶段，开发院校联动的分层、分阶段的教学能力提升培训课程。从分院的层面，开设的培训课程如下。

（1）通识培训课程（全员全覆盖）

课程分析能力是每位教师必须掌握的能力，对这个课程的把握和理解，应从课程标准理解、课程内容分析和单元设计三个层面，并对全员开展培训。

（2）新教师培训课程

为了使新教师适应工作岗位，成为一名合格教师，新教师培训以教学设计、能力提升为主，以教学的背景分析、过程设计、能力设计作为课程的主要内容。

（3）岗位教师培训课程

基于岗位教师已有的实践经验，注重课堂实施能力的提升，课程的主要内容包括：有效激发学习动机、教学媒体恰当运用、教学组织方式有效、强化重点突破难点、学法指导等。

（4）骨干教师培训课程

基于骨干教师的示范引领作用，以教学评价能力为主题，开展教学质量评价、反思评价改进教学等内容的培训。

从学校的层面：开设教学能力岗位实践能力的实施，对全员教师听课，看教学实施情况和教学效果。

（四）编写培训教材

2011年，我们编写了《朝阳区中等职业高中专业教师教学基本能力标准》。为了更好地理解这个标准，使专业教师明确本专业发展的努力方向，提高教学能力，我们于2013年6月投入编写职业高中专业课教师培训教材的工作之中。朝阳分院组建（以市区骨干教师为主）的编写团队，编写培训教材《中等职业学校专业课教师教学基本能力解读与训练》，目的是使之成为教师培训的参考书、教师平时教学的工具书，教材编写按照智慧技能的形成特点，将培训分为"测——前测（找准自己学习的起点）、讲——讲解（能力要点的指标）、摩——观摩（提供教学案例）、练——训练（课堂岗位训练）、评——评价（自评和互评)"五个环节,通过完成智慧技能原型定向阶段与原型操作阶段的任务,强化教师基于课堂教学研究的实践与反思,促进教师从原型定向阶段向原型内化阶段迈进。

我区职业高中专业课教师 380 多名,涉及 30 多个专业,如何根据专业特点开展培训,促进教师的专业发展,提升专业课教师的教学能力。通过调研,培训应以提升教师的教学设计、实施与评价能力为切入点,设计课程,编写培训教材。首先,聘请职教专家和我区部分骨干教师,结合以工作过程为导向的课时目标、有效设计教学活动、教学媒体运用恰当、反思评价改进教学,编写培训教材《职业高中专业课教师教学能力解读与训练》。为了编写培训教材,开设研修班,聘请职教的专家,分专题进行讲座,定期进行研讨,使专业主任理解《标准》,在专家指导下,选取 6 个能力要点,并进行深入的分析和解读,在研修班的基础上,选拔部分专业主任,成立编写团队,着手进行专业课教师培训教材的编写工作,同时也更清晰、明确地确立专业课教师教学能力提升培训的内容和目标。

2015 年,由我主编并出版了《教师教学基本能力解读与训练》。该书重点落实职业高中专业课教师应知——每个能力要点的关键要素,应会——运用能力点的关键要素进行教学设计的知识和技能,引导职业高中专业课教师钻研专业课教学工作,促进他们自主持续的专业成长和发展。本书编写组通过对朝阳区专业课教师的书面调研分析,从《朝阳区中等职业高中专业教师教学基本能力标准检核标准》遴选出 6 个能力要点,以 6 个专题的形式呈现。每个专题由问题提出、对能力要点的解读、案例分析、能力训练、反思提升构成,以体现"测、讲、研、练、评"。

在 2016 年 3 月至 6 月朝阳分院组织开展朝阳区"十三五"骨干教师教学能力提升高级研修,成员由区教研员和我区部分市区级骨干教师组成,目的是编写《职业高中专业课教师教学基本能力解读与训练续篇(职高专业课教师)》第二本教师培训教材,第一本教材的编写侧重教学设计层面,第二本教材侧重教学实施层面。在编写过程中我们得到了北京市中等职业学校"工作过程导向"课程改革实验项目专家晋秉筠老师、孙雅筠老师,原朝阳分院副院长夏秋荣老师的悉心指导和帮助,从《朝阳区中等职业高中专业教师教学基本能力标准检核标准》遴选出 8 个能力要点,以 8 个专题的形式呈现,突出以工作过程为导向的理实一体的教学理念。每个专题由问题提出、对能力要点的解读、案例分析、能力训练、反思提升构成,以体现"测、讲、研、练、评"。本书重点落实职业高中专业课教师应知——每个能力要点的关键要素,应会——运用能力点的关键要素进行教学设计的知识和技能,引导职业高中专业课教师钻研专业课教学工作,促进他们自主持续的专业成长和发展。

(五)培训实施

1. 培训内容

(1)专业课教师教学能力提升培训

依托《朝阳区职高专业教师教学基本能力标准》和《职业高中专业课教师教学基本能力解读与训练》培训教材,结合以工作过程为导向的新课程改革理念,选取 6 个能力要点(教学内容的选择、教学目标制定、实证分析学情、合理确定教学重难点、有效设计教学活动、掌握学业评价标准)作为培训内容,采取混合式培训模式。从参训教师上交的培训前、培训后的教学设计来看,教学设计规范了,在不同程度上都有所提高,体现了课程改革理念,最为关键的是通过培训,能唤醒参训教师自身对本专业教学的研究,能在领会 6 个能力要点的基础上,自我修改教学设计。同时,实践课非常接地气地把教学设计付诸实施,在指导教师(专业主任为核心)的指导下,进行全班分享交流研讨,听课的老师们都能以研究的态度,能按照我们的培训内容进行观察和评课,在研讨交流中大家共同提高,收获很大。

(2)文化课教师教学能力提升培训项目

依托分院编写的"十二五中小学教师培训教材"——《中学教师教学基本能力解读与训练》中的语文、数学、英语、体育、德育及计算机六门学科的培训教材,以 2008 年《教育部关于进一步深化中等职业教育教学改革的若干意见》(教职成〔2008〕8 号)中指出的"中等职业学校公共基础课程,要按照培养学生基本科学文化素养、服务学生专业学习和终身发展的功能来定位"为指导,分学科分层开展培训,共培训 360 名教师。培训师资力量雄厚,以分院的培训师、区教研员、市学科带头人组成培训团队;培训内容从文化课教学如何与专业结合、行动导向教学方式如何在文化课教学中体现、如何组织教学内容、如何指导学生学习这四方面进行教学能力提升培训，采取专题讲座研讨交流、自主研修和实践课教学指导相结合的方法，真正发挥文化课教学为专业课服务的作用，在新课程改革理念下切实提升文化课教师教学能力。

（3）专业课教师企业实践项目

为贯彻落实教育部专业教师每两年必须有两个月以上时间到企业或生产服务一线实践的要求，开展以分院组织、引导、指导，各校推进的方式，将专业教师培训与企业实践制度相结合，把教师企业实践作为职高教师继续教育的一种重要形式，提升专业课教师的专业实践能力。各校制订企业实践方案和计划，与企业签订实践协议和实践过程记录及企业鉴定。达到全体专业教师参与企业实践活动的目的。

2. 四段式教学培训模式

在长期的教学实践中，我逐渐形成了自己的教学特色——针对在职教师的培训采取四段式教学培训模式：课前自主案例分析—对教学能力要点的解读—案例分析—教学能力训练，体现线上与线下相结合、讲座与实践指导相结合。

（1）课前自主案例分析

在培训前，把相关案例放到学习平台，学员根据问题，进行案例分析，提出自己的观点和看法，并上传自己的教学设计。

（2）课中对能力要点解读

基于大家的案例分析，教师做相应的总结，对能力要点的关键要素进行解读，并通过客观题的检测，了解学员是否理解能力要点的关键要素。根据学员的反馈情况再进行相应的讲解。

（3）案例分析

结合各个专业的教学案例，让学员运用能力要点的关键要素分小组分析案例，然后一起分享，做相应的点评。

（4）能力训练

每位学员结合自己的教学设计，依据能力要点的关键要素，修改自己的教学设计，教学设计分修改前和修改后，有了对比，就可以看到学员的学习效果。

依据上交的作业和教师的自愿报名,进行实践课教学指导,重点观察能力点的落实情况,存在哪些问题,如何进行修改和调整。

通过四段式教学培训模式,让学员在做中学,在做中教,知道教学设计的思路,从哪些方面写及怎么写。比如学情分析,学员不重视,千篇一律,没有真正认识到学情分析的重要性,通过培训,学员认识到学情分析的重要性,即它是我们课堂教学的起点,也是我们达成课堂教学目标的重要依据,同时学员也知道如何去写学情分析。在修改教学设计之后,对其中 1 ~ 2 名教师进行实践课指导,所有学员参加,重点看学情分析是否准确,课堂教学是否达成教学目标,存在哪些问题,我们应如何改进等。

3. 运用教师学习平台,采用混合式的培训方式,开展教学能力提升培训

采用线上与面授相结合、讲座与岗位实践相结合的混合式培训方式,运用"朝阳干部教师学习服务平台"(www. 58. 132. 9. 45. cn),将培训教材中的能力要点的文本、微课上传到平台,通过完成网上的测评题,检测对能力要点的学习和掌握情况。对课程分析能力,开展全员的讲座培训,在教学实践中基于岗位实践,学校组建专家团队,立足课堂,全员听课,找准教师教学能力的优势与不足。

(六)评估测评

为了加强教师教学能力提升的精准培训,以国内外先进的理论为引领,以 KOMET 和 PCK 测评技术为依托,融合两者的优点,设计研发了能够全面反映中等职业学校专业课教师教学基本能力特点和程度的新型测评工具,实现了教师教学能力的定性和定量综合分析。

在培训前,教师现场完成所教课程的课程分析和一个课时的教学设计。依据评价工具测评出教师培训前的教学能力水平,发现教师的教学能力短板和不足,依据能力水平,平台推送课程学习内容,教师在培训学习和学校的岗位实践后,运用三个测评工具,对培训效果进行测评。第一个是教学能力测评工具,数据分析教师的教学能力是否提升,哪些能力还不足,需要下次培训进行学习;第二个是对培训教材使用的测评,了解教师对教材的满意程度;第三个是对培训课程设计的测评,了解课程设计是否合理、科学。

2016 年 7 月初,北京教育学院朝阳分院与北京师范大学职业与成人教育

研究所联合,对朝阳区 205 位专业课教师进行了职业能力测评。参加测评教师依次完成了影响因素问卷、背景问卷和综合测试任务。为保证测评信度,7 月中旬,项目组对参与评分的 17 位评分员进行了评分者培训。这些评分员均为一线骨干教师,分别对 2~3 个真实案例进行了评分练习。

本次教师职业能力测评的主要工具包括:①《职业院校教师职业能力测验》(学前教育类专业)综合测试任务;②《职业院校教师职业能力测验》(信息技术类专业)综合测试任务;③《职业院校教师职业能力测验》(机电类专业)综合测试任务;④《职业院校教师职业能力测验》(服务类专业)综合测试任务;⑤《职业院校专业课教师职业能力发展的影响因素问卷》;⑥《职业院校专业课教师职业能力测评背景问卷》;⑦考场情况问卷(测试动机问卷)。

开放式的综合测试题目是 COMET 测评的主要测试工具,它来源于职业的典型工作任务。本次综合测试题目由德中专家共同开发,题目原型在国内经过两轮大规模预测试检验,数据分析表明,题目的难度、区分度、信度和实证效度良好。测评还采用了一系列工具确保评分者间信度,如评分者培训及评分练习,为每位评分者提供针对该测评任务的"问题解决空间",描述开放性测试题目可能出现的解决方案,等等。

作为测试题目的补充,能力测评的被试者还需要填写两份调查问卷。背景问卷的设计目的是了解教师对新课程理念的理解,影响因素问卷的设计目的是了解教师的基本信息和与职业能力相关的背景信息,其主要内容见表1。影响因素问卷与开放式测试题目一同经过了两轮大规模预测试检验,数据分析结果表明其难度、区分度、信度和实证效度良好。

表1　影响因素问卷的主要内容

个人基本信息	客观因素	主观因素
性别、年龄、职称、学历等	家庭精神支持	职业认同
企业工作经验、专业奖励等	学校支持	组织认同感
	企业支持	成就动机
		学习策略

测试监考员填写一份问卷,从中可以获得关于该考场参评教师的测试动机和工作氛围的提示。除了评估参评教师在解答测试题目时的投入程度和确定有多少人拒绝参加测试外,监考员还要说明参评教师是否提过问题,问过哪些问题,问了多少问题,以及被试者使用了哪些辅助工具,使用的频率如何,等等。

测评对象为朝阳区三所职业院校的"学前教育类""信息技术类""机电类""服务类"专业的教师。测评有效样本为 205 份,其中,学前教育专业被试者主要来自北京市求实职业学校共 30 人;信息技术类专业被试者来自求实职业学校、北京市电气工程学校和北京市劲松职业高中共 42 人;机电类专业被试者来自北京市电气工程学校共 38 人;服务类专业被试者来自北京市求实职业学校、北京市电气工程学校和北京市劲松职业高中共 95 人。服务类专业有 11 个专业,分别为文秘(21 人)、金融会计(14 人)、商务助理(10 人)、物流管理和连锁经营管理(3 人)、民航运输与服务(9 人)、法律(8 人)、园林(5 人)、酒店服务(5 人)、美容美发(4 人)、烹饪(4 人)、艺术(2 人)。

测评结果显示,朝阳区各专业、各学校参评教师的职业能力较高,仅有 3.90% 和 2.44% 的教师分别处于较低等级的名义性能力和功能性能力,达到过程性能力水平的有 19.02%,达到整体设计能力水平的有 74.63%。这些数据有力地证明了我区"十三五"职业高中教师职业能力的提升。

自 2012 年中等职业教育教师基本教学能力模型提出以来,至 2017 年,我们在基础理论、技术路线、课程开发、工具标准、培训路径等方面做了大量的理论与实践探索。其中,教师基本教学能力标准、测评工具被北京教育学院培训中心和唐山中第一职业中等专业院校作为教师教学能力提升培训的依据,起到了很好的示范、引领、推广作用。在此培训模式下,朝阳区中等职业学校专业课教师整体教学水平显著提升,北京市电气工程学校、北京市求实职业学校、北京市劲松职业高级中学三所朝阳区中等职业学校均建设成国家中等职业教育改革发展示范校。在北京市中等职业学校学校课堂现状调研过程中,朝阳区中等职业学校专业课教师优秀课比例名列前茅。

二、领航新教师培训

（一）背景分析

1. 因培训对象变化调整课程内容

根据近几年对中等职业学校专业课新任教师培训的观察与访谈，新任教师的组成情况发生了很大变化，主要表现在以下三个方面：一是学历水平普遍提高，100％达到本科学历，其中硕士学历比例占20％左右；二是来自企业、有工作经验的人员从事教师工作，在2016、2017两年中，各有4位新任教师来自企业，所占比例达到一半；三是来自师范校的新任教师，大多数已取得企业行业专业等级证书。这样的新任教师结构利弊并存，有利的方面表现在高学历的教师研究能力和表达能力有提高，来自企业的新任教师，有企业实践工作经验，深知企业需要的用人标准，能够把企业的实践工作内容直接引入课程中。不利的方面表现在师范生的企业实践缺乏、本专业的专业知识了解肤浅，动手操作能力不足，具有职业教学特色的教学方法和教学策略比较欠缺；来自企业的新任教师，教育学、心理学理论基础缺失、教学规范缺失、基本教学技能实践训练缺失。这些现象就要求岗前培训课程的内容设计，除了有常规的备课、上课、管理学生等基本规范外，更重要的是把内容放在理解职业教育教学特点、理解中等职业学校培养的总目标，以及备课的要素和方法思路上，这些是适应岗位的核心要素。希望通过培训，教师能把学习的内容迁移到入职后的岗位工作实践中，发挥指导作用。

2. 因培训实践反思整合课程内容

近几年，职业高中专业课新任教师培训以技能训练为主要形式，以教学技能的关键要素和操作要点为核心内容，取得了一定成绩。同时，也发现了一些问题。通过追踪指导和访谈，观察教师的课堂行为表现，分析培训任务作业，结业考核，聚焦到关键问题表现在：①对以工作过程为导向的课改理念理解肤浅、表面；②课程内容不能与行业、企业、职业标准对接，教学内容不能与实际岗位工作过程对接;③以学生为主体的课堂教学,为学生准备的学习资源不够丰富;④对行动导向理念下的教学法理解比较肤浅;⑤教学实施中教学目标的达成度不高;⑥口头语言(问题表述、讲解语言)和书面语言(书写和板书)等基本功薄弱;等等。这些问题背后最根本的原因在于教师对职业教育教学理念、课程标准和专业内容的理解肤浅、表面,其他问题是在此基础上派生的。这些问题有待于通过课程体系的完善加强培训。

(二)职业高中专业课新任教师三年"研训一体"培训方案

为落实朝阳区教委关于切实加强我区新任教师队伍建设、提升新任教师素养的精神,针对现阶段职业高中专业课新任教师的数量、学历和结构特点,加快新任教师适应岗位和专业发展的速度,特制订此培训方案。

1. 设计思路

(1)围绕"教师专业发展规划"设计课程

通过该课程,引领教师的专业发展。通识培训引领新任教师制订教师专业发展规划,在岗前培训中修改,学年末进行考核;第二年根据前一年落实情况,制订第二年规划,学年末进行总结交流;第三年进一步修改规划,并针对三年的学习进行成果展示评比。

(2)围绕"教学设计教学技能"设计课程

三年的培训培养始终围绕教学设计、教学技能开展。第一年以教学设计实施评价为主线,以教学技能的形成为落脚点,分为专业情意、专业知识、专业技能、专业能力四个模块,分别采用案例分析、研讨交流、任务驱动(说课答辩、微格教学训练展示)等培训方法;第二年针对以上培训内容采用追踪听课方式,依托企业,开展下企业实践技能培训;第三年针对教学设计、教学技能,用展示评比等方法培训。

(3)采用多种形式借助多方资源实施通识培训

第一年通识培训以应知、应会内容为主,采用自学加考核方式;教师职业认同,采用活动体验;第二年和第三年通识培训内容分别为教育教学管理和国际化视野,以专题讲座的形式进行。

2. 培训目标

总目标:通过教师专业发展规划、教学设计教学技能及通识培训课程,三年分阶段和循序渐进地提高新任教师职业素养、教学能力和企业实践能力,加快新任教师适应岗位和专业发展的速度。

阶段目标:

(1)岗前培训

通过对教师职业道德、相关法律法规的学习,明确教师职业规范,强化提升自我师德修养的意识,确立爱岗敬业的思想;通过对教师心理健康、学生学习心理、班主任工作和教育教学常规的学习,完善专业知识结构,初步掌握作为教师需要具备的应知、应会的内容,做好上岗准备,并学会制订学习计划和三年发展行动规划;通过对优秀教师专业成长经验的学习,增强岗位角色意识和教师职业理想认同,激发成为优秀教师的内在动力。

(2)入职第一年

①了解先进的职业教育教学理念,有意识地将职业教育教学理念落实在课程设计中。

②了解本岗位典型工作任务和要求,设计准备学生学习资源,能较为准确地确定符合行动导向学习理念、满足岗位需求、适合学生实际需求的教学内容。

③初步掌握具有职教特点的教学方式、教学技能和教学手段,熟练掌握本专业实践技能,以实践体验形式促进教学理念转化为适宜的教学行为。

④根据课程目标、内容标准,编写规范的专业课教学设计和课时教案。

⑤能根据行业、企业标准、课程标准设计课堂教学评价表,能利用多元评价的方式,对课堂教学效果进行评价。

(3)入职第二年

通过教师解决企业实际的问题,推动自我培训和校本企业实践培训,提高企业实践能力;通过对第一年培训中优秀教师的定期跟踪指导,加快优秀新任教师的成长,提高职业素养和教学能力。

(4)入职第三年

通过教学设计、教学技能校本区本评比等活动,搭建自主学习、思考和交流的平台,进一步提高教学能力和企业实践能力;在前两年培训的基础上,做好全方位的教学展示,提高职业素养、教学能力和实践能力。

3. 培训措施

(1)建立个人专业成长档案袋,记录个人发展轨迹

强调新任教师成长的自我管理。成长档案包括:每一年的计划、总结(类似考核表,针对计划的总结)、学习记录、照片录像(含说明)、学习成果(读书笔记、读后感等)、教学实践研究成果(教学设计、微格教案、教学反思、论文)等。个人专业成长档案袋采用电子档案的形式,个人留存,指导教师检查。

(2)实施量化管理,记录典型成长事件

要求新任教师每学年至少要完成下列数量的任务:听课20节(第一年40节),上研究课2节(有录像),读教育教学类书籍2本(读书笔记或读后感),阅读本学科教学文章10篇,修订状态的教学设计4份,微格教案4份,教学反思4篇。第一年与指导教师共同备课20次(记录)。

(3)任务驱动,促使教师专业发展

第一年开展教学技能的考核,第二年开展专业技能方面的考核评比,第三年做好教学技能和专业技能展示。

(4)整合各方力量,形成培训培养合力

将校本培训作为区本培训的强化、拓展和延伸,充分发挥者导教师的作用。第一年以师带徒及听评课形式进行;第二年以专业技能、研究课展示为主;第三年采用说课、微格片段、研究课展示的形式。

4. 课程框架

(1)岗前及第一年培训

发展阶段	通识培训			学科培训		
	内容	方法	课时	板块	内容	课时
岗前	师德、法律法规、心理、班主任	自学+考核	6	专业情意	做幸福快乐的专业课教师	4
	教师专业发展规划	自学+制订规划	2	专业知识	职业教育课程改革理念、行动导向教学理念下的典型教学方法及应用	8
第一年	教师职业认同(宣誓、拓展)	活动体验	8	专业技能	如何确定教学内容、怎样制定教学目标、教学媒体的整合与运用、讲解技能及其训练、示范技能及其训练	20
				专业能力	专业课教学基本规范、如何进行课堂多元评价、教学示范、教学设计撰写与演练	16

（2）第二年、第三年培训

发展阶段	通识培训			学科培训		
	内容	方法	课时	内容	方法	课时
第二年	教育教学管理	专题讲座	10	教学基本功	网授培训	8
		网授培训		教师专业发展规划，专业技能展示评比（解读方案、培训、评比）	活动推进	12
第三年	国际化视野扩展微课	专题讲座	10	教学基本功	网授培训	8
		网授培训		教师专业发展规划，教学设计教学技能综合评比，教学基本功整体展示	活动推进	12

5. 学习评价

（1）过程性评价

对学员的学习情况进行全程的观察与过程记录。

每学习一个板块内容，按照学习要求提交作业或学习反思。

积极参与发言讨论，主动提出问题。

（2）结果性评价

五个一：撰写一篇教学设计、进行一次说课、进行一次微格片段训练展示、完成一份教学反思、制订一个三年成长规划。

三、开展教师综合素养提升工作

（一）"互联网＋"背景下的礼仪教育培训

教师礼仪是教师在教育教学工作中为人处世、待人接物的行为规范，是教师自身良好职业道德修养的表现。教师的劳动具有很强的示范性,既是学生处理疑难的导师,也是学生处世的楷模。百年大计,教育为本,教育大计,教师为本,促进教师的专业发展,要求教师从知识、能力、个人修养等方面全面提高自身综合素质,而目前我们的教师队伍中"知识、能力"得到了充分的重视,"个人修养"却多被忽视。因此在"十三五"期间,作为致力于做好教师教育的培训机构——北京教育学院朝阳分院,准备从做魅力教师,塑师表形象的层面,提升教师的综合素养。

为提高培训的实效性,使教师通过学习有获得感,我们需要选择一个做礼仪非常专业的培训团队。在前期的调研中,我们从中选择了几家礼仪培训机构,通过亲自到课堂听课,参与培训,我深深感到《三阶成师 礼仪培训新概念》是最好的礼仪培训课程,充实丰富的内容,创新实用的教练技术,调动每一位学习者。吕艳芝老师倾其所有,李云老师的课堂行云流水,林莉老师治学严谨,等等,给我留下极深的印象。

有了前期的调研,我们开始与吕老师的培训团队进行合作,面对全区中小幼教师群体,我们从教师的培训需求出发,制定课程内容,通过前期的网络调研,老师们对沟通礼仪、仪态礼仪、服饰礼仪、交往礼仪非常感兴趣。

教师形象的塑造方面:"为人师表"是教师的道德形象,要求教师要乐于奉献;"满腹经纶""德才兼备"是教师的文化形象,要求教师具有坚实的专业知识,并跟得上知识时代的新要求,与时俱进;独特的人格魅力是教师的人格形象。一个优秀的教师应该是关心爱护学生、理解尊重学生的,而且乐观向上、幽默风趣、知书达理。三种不可分割的形象,就构成了完整的教师职业形象系统。因此要塑造教师的师表形象,我们准备从沟通礼仪、仪态礼仪、服饰礼仪、交往礼仪等方面进行培训。同时,利用"互联网+"的形式,开展混合式的培训模式,从内容上以超市菜单的方式,给教师以充分的选择。

通过培训,老师认知到教师礼仪在教育教学中的重要性,了解了礼仪文化的相关理论知识,掌握了在与学生、家长交流时谈吐的规律及策略,掌握了在与学生、家长交流时的交往规则,认知美学——选对颜色,穿对衣服,让仪态表达内心世界。经过一年的培训,为了检验我们的培训效果,我们准备开展教师礼仪风采展示活动,共同营造全区教师重礼仪塑良好的师表形象的氛围。

(二)高级职业能力指导师培训项目

职业能力是人的能力的重要组成部分,是人的学习能力、动手能力、实践能力、创新能力的综合体现,是学生生存活动、做事做人、适应社会和未来发展的重要基础。《国家中长期教育改革和发展规划纲要(2010—2020年)》提出"坚持能力为重"的战略主题,指出要"优化知识结构,丰富社会实践,强化能力培养。着力提高学生的学习能力、实践能力、创新能力,教育学生学会知识技能,学会动手动脑,学会生存生活,学会做人做事,促进学生主动适应社会,开创美好未来"。《北京市中长期教育改革和发展规划纲要(2010—2020年)》提出要"坚持全面发展"的战略主题,要加强劳动教育,"开展形式多样的科技教育、实践活动,着力提升学生的创新精神和实践能力"。

对学生进行职业生涯教育和培养学生职业能力是贯穿整个教育过程始终的重要内容;是当前深化素质教育的重要任务;是学生终生幸福的奠基工程。目前,朝阳区素质教育取得了一定的成果,但由于受传统的教育理念和"应试教育"等因素的影响,在日常管理中还存在没有把职业能力培养作为重要任务纳入常规工作的问题,在教育教学中存在重知识轻能力、重心智轻技能、重校内学习轻社会实践等现象,制约了朝阳区学生职业能力和综合素质的提高。

为全面推进素质教育,推动朝阳区学生职业能力的培养,特制定《关于实施朝阳区中小学生职业能力培养工程的意见(2011—2015年)》。文件中确定中小学职业能力培养工程的总目标:通过五年的时间,构建朝阳区中小学生职业能力培养体系,显著提高学生职业能力。建立健全工作机制,保障学生职业能力培养工程扎实有效推进;构建职业能力培养课程和活动体系,深化职业生涯教育;创新培养模式,增强职业能力培养实效;提升教师培养能力,构建专、兼职教师队伍;建立职业能力培养基地,促进学生职业能力的形成和提升。

为了促进中小学职业能力的形成和提升，培养高水平、高素质的职业能力指导教师尤为重要，因此我们要加强教师队伍建设，对相关教师进行职业生涯教育培训，对小学和初中教师进行职业认知学习培训，对普通高中教师进行职业规划设计培训，不少于100名职业高中教师接受国际职业技能培训。在朝阳教委的指导下，充分利用社会培训资源，联合国家人力资源和社会保障部教育培训中心，对中小学教师进行职业能力指导培训，从2012—2015年共举办5期，共有513名教师参加，并使其考取国家人力资源和社会保障部颁发的高级"职业能力指导师"岗位能力证书，构建职业能力培养课程和活动体系，使中小学教师具备职业能力指导资格，更为科学、有效地培养中小学生职业能力，实现学生"1＋2＋1"的培养目标：小学和初中阶段学生每年认知和体验1种职业，制作2种以上手工作品，完成1份职业认知体会；普通高中学生完成1份职业生涯规划书，每年参加2周社会实践，完成1个调研报告；职业高中学生完成1份职业生涯规划书，每年参加2次企业实践，毕业前考取1种以上职业资格证书。输送不少于200名职业高中优秀学生到国外学习，并取得职业资格证书。而这项培训在全市是首创，得到了市教委的关注。

因此，该培训的目标是通过专家的讲授，老师们能认识到对学生进行职业生涯教育和职业能力培养是贯穿整个中小学教育始终的重要内容，是当前深化素质教育的重要任务，是学生终生幸福的奠基工程。通过研讨交流，各学段教师进行设计，老师们能形成对职业世界、对学生职业能力培养、对职业生涯教育、对自己教学实践、对自身教育生涯的深刻反思；唤起老师们对职业能力培养和生涯教育的责任感和使命感，增强教师自我专业成长和生涯发展的自信心。老师们能在"成立小组—老师精讲—小组实践分享—老师检查指导—小组陈述意见—师生知识梳理—老师评价总结"的教学过程中，体验职业生涯教育和职业能力培养的基本方法。

该培训初步形成了小学阶段以职业认知、初中阶段以生涯探索、高中阶段以职业定向、职业高中阶段以职业技能训练和职业准备为主体内容的教学体系框架,使各学段教学内容相互衔接,循序渐进,各有侧重,在学生的成长过程中,老师们都能关注学生职业能力的形成和提升。

培训的特色是在区教委的指导下进行,采取专题讲座、案例分析、分享交流、角色扮演、实战演练、实践主题观摩、网上研讨等多种培训形式,形成较为系统的职业能力培养与生涯教育为一体的教学方案,有利于各学段教师的教学实施。

小学生职业生涯课程设计目标与内容

年级	领域	目标	内容
小学生(1~6年级)	自我觉察	帮助小学生了解自己;养成良好的个人习惯与态度;认识自己的长处及优点	学会观察、了解自己;探索自己的兴趣与爱好;发掘自己与他人的不同;认识自己的优点
	职业生涯觉察	帮助小学生初步了解劳动世界	了解身边的职业,觉察职业之间的差异,认识、了解榜样人物
	职业生涯探索与途径选择	帮助小学生建立规划的起点;初步认识社会责任感;建立社会榜样模型	明确自己的兴趣与爱好并能够使之与职业相结合;了解不同职业承担不同的社会责任;建立榜样模型并为之努力

初中生职业生涯课程设计目标与内容

年级	领域	目标	内容
初中生 (7~9 年级)	自我发展	能够客观、合理地认识自我、评价自我	明确并发展自己的兴趣,了解自己的优势与性格,了解个人经历、家庭、社会等内外部因素对自我概念形成会产生的影响;能通过自己的行为和他人的反馈有意识地进行自我评价与改进
		发展与周围人积极交往的技能	尊重个体间的差异,能与周围的人积极地交往,树立与人合作的意识
		适应初中阶段的生活方式和发展任务	了解初中生活与小学阶段的不同,有意识地调整自己的学习方法、人际交往方式以适应初中的学习生活,能积极地应对挫折与压力,并提高学习的主动性
	生涯探索	树立正确的学习观念,掌握有效的学习方法并扩展知识面	了解学习的意义及其对自己未来发展的影响,努力完成学业任务,掌握初中阶段的各种知识技能,不断拓宽知识面,掌握有效的学习方法与策略
		注意收集受教育与职业等社会生活方面的的信息	注意收集多种生涯信息,了解多种受教育与培训途径,了解不同职业的工作内容及其对社会的贡献和对个人的价值

续表

年级	领域	目标	内容
初中生 （7～9 年级）	生涯探索	掌握独立生活能力和基本的社会实践能力	积极参与家庭劳动、学会承担家庭事务；通过参加社区服务、职业参观等实践活动，掌握基本的沟通、信息处理、动手操作等社会实践能力，初步形成正确的职业观念
		关注社会的发展及其对个人发展的影响	关注社会科技、政治、经济、文化等不同方面的发展变化，了解个人发展与社会和国家发展的关系，具有促进家庭和社区发展的责任意识
	生涯管理	制定符合自己特点的学习和生活目标	有积极、合理的人生目标，能够自觉地规划学习生活，学会时间管理并向着学习和生活目标不断努力
		初步掌握科学的决策过程	了解科学的决策方法，能根据自己的特点，分析各种因素，在成人的指导下初步尝试对自己未来的发展做出决策
		意识到生涯发展的不确定性并合理地调整目标	罗列自己生涯发展的多种可能性，了解学习和工作中影响自己生涯目标的因素，并根据这些因素调整自己的目标

续表

年级	领域	目标	内容
初中生 (7~9 年级)	生涯管理	平衡初中学生的各种角色	了解自己在初中阶段的各种人生角色,平衡个人、学习者、工作者、社会公民、家庭成员和休闲者等各种角色,意识到不同角色有相应的责任与权利,不断丰富自己的生活

高中生职业生涯课程设计目标与内容

年级	领域	目标	内容
高中生 (10~12 年级)	自我发展	全面、深入地认识自我,形成并保持积极的自我概念	形成稳定的兴趣并了解自己的优势、性格、价值观与生涯发展需求,反思个人经历、家庭、同伴、社会等内外部因素如何影响自我概念的形成;能科学合理地使用测量工具进行自我分析与评估,并结合他人反馈和现实情况形成对自己客观的认识
		发展与社会人群积极交往的技能	尊重不同国家和区域的文化多样性,能与家庭、学校、社会等不同人群积极地交往与合作,并了解良好的人际关系对个体生涯发展的促进作用
		适应高中阶段的生活方式与发展任务	了解高中生活与初中阶段的不同,根据自己的兴趣、优势和性格特点形成自己的专长领域;了解高中教育的学习情况,能积极地自我调节并保持学习与发展的动力

年级	领域	目标	内容
高中生 （10～12 年级）	生涯探索	掌握各种知识技能与终身学习的能力	注重学习能力、问题解决能力和创新实践能力的提升，扩大自己的知识领域，具有终身学习的意识与能力
		准确、有效地获取各方面生涯信息	能够利用网络、社会实践等渠道有意识地获取准确、有效的生涯信息，了解未来受教育与就业的途径，分析参与社会生活的多种选择，并借鉴到自己的生涯规划中
		掌握社会实践能力	积极参与家庭劳动、社区服务、职业参观、职业体验、实习等实践活动，具有独立生活能力、一定的职业能力和社会交往能力，形成正确的生活态度、工作态度与职业道德
		了解社会的发展及其对个人发展的影响	了解社会科技、政治、经济、文化等不同方面的发展变化，将个人的发展与社会的发展关联起来，具有促进社会发展的责任意识

续表

年级	领域	目标	内容
高中生 (10～12 年级)	生涯管理	制定符合自己特点的学习和生活目标	能够制定明确且可行的发展目标,包括短期目标与长远目标,具有时间管理能力并通过努力实现每一个阶段的目标
		掌握生涯决策能力	掌握科学的决策方法,学会综合分析社会发展因素和个人特点,在参考成人的建议下对未来的学业、发展方向、生活方式做出决策
		根据社会环境的变化调整生涯规划	了解影响生涯发展的各种内外部因素,分析未来升学、就业等多种发展路径,能够积极争取并把握机遇,根据现实条件对生涯目标进行调整
		平衡高中学生的各种角色	了解自己在高中阶段的各种人生角色,平衡个人、学习者、工作者、社会公民、家庭成员和休闲者等各种角色,了解不同角色所承担的责任与享有的权利,形成充实、有意义的生活方式

（三）初级茶艺师培训项目

茶有五千多年的历史,是中华民族的瑰宝,茶被视为生活的享受、健康的饮料、友谊的纽带、文明的象征,成为“国饮”。中国茶文化是中国制茶、饮茶的文化。中华茶文化源远流长,博大精深,不但包含物质文化层面,还包含深厚的精神文明层次。为了弘扬中国的传统文化,传承中国的茶文化,我们与泰元坊茶文化有限公司一起为职业高中教师进行初级茶艺师培训,共有 53 名教师考取了"初级茶艺师"证书。通过培训,朝阳区职业高中教师了解了茶,懂得了茶,从品茶中感悟生活、珍惜生活,提升了职业高中教师的基础素养。

本课程通过品茶的教学活动形式,帮助教师较为系统地了解和感受中国茶文化的形成、特性和功用,了解茶叶的制作方法和分类,了解茶的功效,学会品鉴绿茶、乌龙茶、红茶和普洱茶,掌握分辨新茶、陈茶的方法;教师通过亲自动手操作的教学活动形式,掌握绿茶、乌龙茶、红茶的沏泡技艺,做一名爱喝茶、会品茶的教师,帮助教师利用所学知识和技艺,指导学校社团活动,进而达到教师把所学知识和技艺融入教育教学活动,将中国茶文化更好地传承下去,并发扬光大的目标。

本课程开发的理论依据:朝阳区《"十二五"中小学干部教师培训选修课程建设管理手册》。本课程的功能指向是适应教师自身修养需要,提升素质教育活动指导力,培训的类别是艺术素养,开发指向是琴棋书画与技艺。中国古代文人生活中有"琴棋书画、诗酒花茶",善琴者通达从容,善棋者筹谋睿智,善书者至情至性,善画者至善至美,善诗者韵至心声,善酒者情逢知己,善茶者陶冶情操,善花者品性怡然。中国茶文化与诗、画、琴是紧密相连、密不可分的。

实践依据:茶是中国人每天不可或缺的饮料,很多教师喜欢闲暇之余品品茶、聊聊天,修养身心,结交朋友;对于市面上琳琅满目、种类繁多的茶叶,教师们该如何选择,如何品鉴,不同的茶应选用什么容器、怎样沏泡,这些都是教师们关心、感兴趣的话题。因此,我们想通过这5次的讲座让教师们初步了解4种茶的特点和沏泡方法,掌握品尝的要领和学会科学地饮茶,发挥茶的社会功能即以茶会友、以茶示礼、以茶养性、以茶健身。

本课程共分为5讲。第一讲,闻香识茶:介绍中国茶文化的内涵,茶的起源、分类,饮茶方式的演变、我国各地乃至世界的茶俗,鉴别新茶、陈茶的方法;第二讲,以茶会友,提神醒脑的绿茶:介绍绿茶的制作工艺、绿茶的特点、功效和沏泡方法,7大绿茶;第三讲,以茶会友,四季皆宜的乌龙茶:介绍乌龙茶的制作工艺、分类,乌龙茶的名贵品种,乌龙茶的功效和沏泡方法;第四讲,以茶会友,温暖浪漫的红茶:介绍红茶的制作工艺、红茶的特点、"红茶 $=2+3+4+1+n$"

以及红茶的功效;第五讲,以茶会友,延年益寿的黑茶:介绍黑茶的制作工艺、黑茶的特点、分类和功效,鉴别普洱茶的好坏的方法、沏泡的方法。

四、职业教育培训的若干课题研究

产业结构的不断优化与社会分工的专业化程度不断加深,对技能型人才的素质不断提出新的要求,而作为决定技能型人才培养质量的关键因素,职业教育双师型师资队伍素质能否紧跟行业发展步伐及时更新提高,直接决定职业双师型教师队伍能否长足立足于职业教育领域。因此,到朝阳分院工作后,我努力在培训中加强研究,在课题的引领下做培训,努力使自己成为研究型、反思型教师。这些年来,我结合工作实际,积极开展教育教学理论研究,主持过3个市级课题,参与过2个市规划课题,有5篇教学论文获得市级一、二、三等奖,3篇论文在区级刊物发表,主编过2本教师培训教材,参编过4本教材。

（一）混合学习模式在中等职业学校教师教学能力培训中的应用研究（本文是我的硕士论文的摘编,基本上涵盖了核心内容）

近些年来,中职教师的培训工作取得了很大的进展和成效。但从培训的实际情况来看,中等职业学校教师教学能力培训仍存在不少问题,这些问题主要表现在:参加培训的教师教学能力水平存在的差异较大,培训形式单调,参加培训的教师数量大,同时自身的教学任务过重,培训内容更新速度慢,时效性较差。教师教学能力从外在的表象上定义就是教师完成具体教学任务的能力,主要包括设计能力、实施能力和评价反思能力,它是教师专业能力构成中的核心能力之一。因此怎样通过培训,使教师的教学能力有真正的提高,从而提高中等职业学校的教学质量,成为教育领导机构及教委和教学实施机构及学校最为关注的问题。

混合学习模式（Blending – Learning）的兴起为这些问题提供了一种有效的解决方法。在北京市朝阳区教委的大力支持和指导下,北京市教育学院朝阳分院与朝阳区电教所合作开展教育技术平台的建设项目。该项目的目标就是构建有效的网络教学环境,开发相应的培训资源,设计有效的培训方案,探索基于混合学习方法的中等职业学校教师教学能力培训模式。本研究将混合学习模式引入中等职业学校教师教学能力培训中,充分利用已有的"北京市朝阳区教师研修网"网络平台和中职教师人人拥有智能手机、平板电脑(iPad)等的便利,将网络学习、智能手机和平板电脑特殊功能学习等手段应用到培训实践中。在面对面学习中,除了传统的集中面授外,还采用信息化课堂教学实践,从而提高培训的效率和质量。

1. 基于混合学习的中职教师教学能力培训的可行性分析

(1)混合学习的培训模式能够满足参训教师对培训时间多样化需求的要求

在我们进行混合学习模式开展培训之前,一些教师不愿意接受培训,主要原因是没有时间参加面授方式的培训。在我们选择混合学习的培训模式后,多数教师愿意按自己的时间安排接受培训。通过问卷调查我们发现,对于培训时间的选择,有大约67%的教师希望把培训安排在工作时间内进行;有23.5%的教师希望在假期接受培训;另外还有教师认为可以在周末或者晚上开展培训,分别占6.5%、1%;当然也有教师认为以上的时间段都不适合培训,他们选择了"其他时间"。无论怎样,混合学习的培训模式首先解决了教师不愿参加培训的问题。

(2)混合学习的培训模式能够符合教师对培训方式选择的期望

为了了解教师对培训方式的选择,笔者对即将接受培训的教师进行了调查,调查结果显示,愿意以集中面授和网络学习相结合的混合学习的培训模式进行培训的老师占了大多数,约占69%;有约13%的教师希望以集中面授方式进行培训;有约16%的教师希望通过网络学习方式进行;还有少数教师希望通过自学或其他方式进行。所以我们选择集中面授和网络学习以及移动学习相结合的混合学习的培训模式展开培训是符合大多数教师对学习方式选择的期望的,混合学习的培训具备培训方式上的可行性。

(3)混合学习的培训模式能够满足教师对培训环境的需求

除了对教师进行了需求调查以外,我们还对培训中心以及教师所拥有的培训资源进行了调查,包括硬件资源环境、软件资源环境以及人力资源环境等方面。

硬件资源环境。北京教育学院朝阳分院配备有容纳 80 人的多媒体教室,能够为我们进行集中面授提供场所;另外,培训中心有 2 个支持网络学习的微机室,每个微机室至少容纳 40 人,电脑配置也足以支持实现网络学习以及相关多媒体内容学习的目标。除了传统面授和网络学习的硬件环境都已具备之外,中等职业学校教师 100% 都拥有具备短信功能的智能手机,另外 90% 的教师的手机具备 WAP 上网功能,支持移动学习,便于学员随时随地学习、获取培训信息。

软件资源环境。由上面的调查分析我们了解到,支持基于混合学习模式的教师教学能力培训的硬件环境已经完全具备,但只有硬件环境还不行,还需要软件环境的配置。而朝阳分院拥有专门针对朝阳区中小学教师培训的学习交流网站——北京市朝阳区教师研修网;另外,在对参加培训教师的调查中我们获知,我们的教师 100% 都有 QQ、微信、飞信等实时通信工具以及电子邮箱等信息交流工具,为我们顺利进行基于混合学习模式的教师教学能力培训提供了软件和交流手段的支持。

人力资源环境。软硬件环境都能满足混合学习的培训模式要求,而人力资源方面则恰恰是作为继续教育业务为主的朝阳分院的强项,面授培训讲师和在线辅导教师一应俱全。在人力资源环境、软硬件环境准备就绪的情况下,开展混合学习的培训模式就是顺理成章之事了。

2. 混合学习模式应用于中等职业学校教师教学能力培训的模型框架设计

(1)混合式中等职业学校教师教学能力培训模型的设计原则

中等职业学校教师教学能力培训具有学员教学工作量大、教学能力水平参差不齐、所教的专业课专业技术性强等特点,所以在进行混合式培训模型的设计时应坚持以下原则。

以培训目的为导向原则。内容是开展培训活动的指向,偏离了目的导向就不可能达到既定目标。在混合学习的培训模型的设计过程中,无论是过程设计还是具体培训内容的设计,我们都是以培训目标为导向,以保证培训达到既定的目的。

将培训内容与学习者经验水平相结合原则依据成人学习理论,培训开展前,调查了解学员当前所具备的教学设计能力、教学经验和学习需求等。只有将培训内容与学员的实际学习需要和兴趣相结合,才能够客观、科学地分析学员的学习反应和学习效果,使培训立足于切实可行和实事求是的基础之上,做到真正满足学员的培训需求。

在努力为培训提供开展自主学习和协作学习的资源和工具的混合学习的培训模式中,我们用了1/3的时间让学员通过网络进行自主学习和协作学习。因此,要为培训提供开展自主学习和协作学习的资源和工具,提高学员在线学习的效率,避免学员浪费时间和背离学习的初衷,从而保证混合学习的模式的效果。

培训要进行适当的过程性评价和总结性评价。任何教育教学活动的最终落脚点都在评价,培训自然也不能例外。在进行混合学习的培训过程中,在适当时候开展过程性评价和总结性评价,可以使学员在培训过程中一直保持积极学习的心态、带着巨大的热情参与培训活动,这样可以收到事半功倍的效果。

(2)混合式中职教师教学能力培训模型的设计依据

RIT模型是由Rochester理工学院(RIT)的学者所提出的一种混合式学习设计模型。在这个模型中,学者们认为混合学习是将传统面授学习方式和跨时空的网络学习方式相结合,以纸质教材和在线课程两种资源载体共同支持的学习活动。RIT模型设计者认为在面授和网络学习相结合的混合学习课程中,应该有25%~50%课时的在线学习活动课程,比如同步或异步讨论交流、在线测试评价、虚拟团队项目等。该模型将混合学习分为课堂教学和网络学习两部分。课堂教学主要是通过教师主导实现讲授、演讲、陈述、评价等面对面的教学活动;网络学习主要是通过网络资源实现学习者组内与组间的实时或异步的讨论、协作与评价,主要的信息传播通道是音视频以及网络课件等(见图1)。

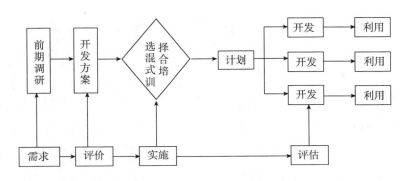

图1 Josh Bersin 四个混合学习设计环节

在 Josh Bersin 的四个混合学习设计环节中,首先,应识别和定义学习的需求。每个学习者都具有各自的学习特点和需求,因此即便对于相同的教学过程,它们的学习者的学习需求也是具有多样性的。因此,在混合式学习中需要对不同学习者的学习需求进行识别与定义。其次,根据学习者的特征,制定学习计划和策略。学习者的学习特征包括很多方面的内容,如原有认知结构和技能水平、学习风格、智力水平特征等。混合式学习需要根据学习者的这些特征,制订具有针对性和适应性的学习计划以及确定相应的实施策略。然后,根据混合学习的实践环境,选择设计或开发相应的学习内容。混合学习的基本组成形式是网络学习与传统课堂学习的有机结合,基本设施环境通常是指实现网络在线学习的设施环境,通常是由开展混合式学习的单位开发建设的。混合学习的实践环境通常应该考虑以下问题:机器配置标准、带宽、学习管理系统(LMS)、时间约束以及度量标准等。最后,执行学习计划,跟踪过程并对结果进行评估测量。执行计划,跟踪过程并对结果进行评估测量是 Josh Bersin 混合式学习的最后一个阶段,主要是执行学习计划,跟踪学习过程,并对学习的最终结果进行科学、客观测量,以确定混合学习过程是否帮助学习者达到预期的学习目的。

Intel 公司混合培训模型,要求首先要通过前期调研,对培训的需求和条件进行分析和评估,为培训工作顺利开展做好准备工作;其次,培训中心依据培训需求设计培训方案并对培训方案做出评价;再次,依据需要和设计方案选择合适的混合式培训方案展开培训;最后,对培训结果和效果进行评估,看培训是否达到预期的培训目的(见图2)。

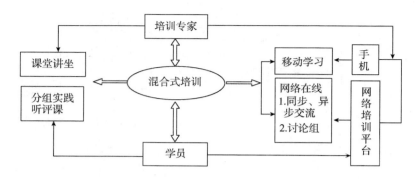

图 2　Intel 公司混合培训模型

（3）混合式中等职业学校教师教学能力培训模型的框架

依据典型的混合学习以及培训的模型设计图、实施步骤和具体元素,结合本次培训的特定目的和需求以及现有的实施条件,笔者设计了适合有效进行中等职业学校教师教学能力培训的混合学习模型框架,具体元素和实施步骤如图3所示。

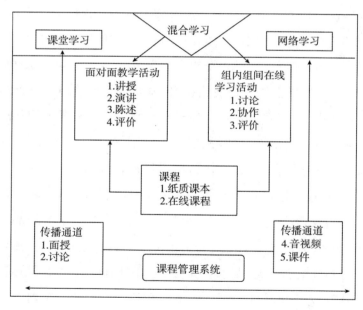

图 3　混合式中职教师教学能力培训模型框架

依据调查分析以及对相关理论的参考,中等职业学校教师教学能力培训的混合学习模式,采取的是典型的课堂学习形式(讲座和现场听评课)和网络学习形式相结合的设计风格。在此基础上,增加了利用手机或者平板电脑等即时通信工具,进行移动学习的方式。这样,既保证了培训的效果,又丰富、补充了培训形式,从而充分发挥各种教学方式的优势。

课堂学习形式包括现场听评课、面授讲座等形式。主要采用专家集中讲解如何写教学设计,学员进行教学设计,相互进行现场听课,专家点评,学员间相互评判等方式,使学员的主导作用得以充分发挥,有利于教学组织管理和教学过程的调控以及促进师生之间和学员之间的情感交流。

网络学习形式为学员学习提供了丰富的学习资源,专家的面授讲座课件、学员的讲课课件均展现在以"北京市朝阳区教师研修网"为平台的网络上,培训组织者适时组织研讨或者学员们自己随时登录进行自主学习。这样充分发挥了学员学习的积极、主动性,使学员完成"意义建构"。在网络社区中,学员借助一定的指导和支持平台,自主设计、自主研修,充分发挥了学员学习的自主性。

我们还合理、充分地运用移动学习理论来促进我们的培训顺利进行。培训过程中,我们充分利用学员都拥有智能手机的条件,将我们的通知以及相关动态以短信形式告知学员,便于他们随时了解培训进展以及相关信息,便于他们随时随地进行学习;组织学员进行微信讨论,使每个学员可以不受时间、地点的限制,开展移动学习;建立 QQ 和微信群,将个人的建议、心得等"飞"到群中,仿佛随时置身于面对面的交流中;等等。

对于面授讲座,我们选择在多媒体教室进行;对于现场听课,我们选择在讲课教师的学校;对于网络学习方面,我们选择使用自己开发的网络培训平台;对于移动学习,我们主要选择通过智能手机上的微信、QQ 甚至是 imessage 等即时通信工具来开展交流。

本研究设计的混合学习的培训模式所涉及的人力资源环境主要包括进行集中面授的专家、组织网络在线学习的专家以及其他参与培训的管理人员等。在实施过程中,该混合学习的模型在人力资源的支持下被验证达到了设计的目标,我们利用该混合学习的模型实现了培训目的。

3. 混合学习模式在中职教师教学能力培训中的应用

笔者以北京市朝阳区中职教师教学能力培训为对象,对研究设计的混合学习的培训模式进行了实践应用,应用流程如图4所示,主要包括前期分析、培训设计、培训实施和培训评估等步骤。

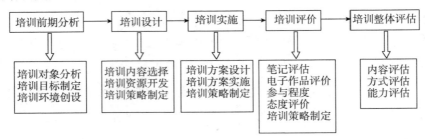

图4　混合学习的培训模式实践应用流程图

（1）基于混合学习模式的教师教学能力培训前期分析

分析培训对象。培训开展前,利用"北京市朝阳区教师研修网",笔者先对即将参加培训的学员进行了调查分析,主要包括学员目前的技能水平、认知能力和学习态度,以及学员对培训时间的选择等方面,以便设计混合学习的相关步骤和元素,提高培训的效率和效果。本次培训的对象是北京市朝阳区86名中等职业学校专业课教师,培训的项目是教学能力,这是"十二五"继续教育的必修课程。在此之前,对中等职业学校专业课教师的培训采取的基本上是传统的面对面培训模式。培训前期,在北京市朝阳区教师研修网上,笔者进入自己的工作界面,我们对86名专业课教师的基本情况、培训需求和现有的教学设计水平做了问卷调查。

调查发现,参训教师培训内容的需求主要集中在以下几个能力点上:有效创设教学情境、有效设计教学活动、灵活选择教学策略、有效激发学习动机、指导学法培养思维、科学运用评价方式及反思评价教学。

在培训之前,60名教师从北京市朝阳区教学研修网下载教学设计模板,依据本模板写1课时或2课时的教学设计,再通过北京市朝阳区教师研修网上传写好的教学设计。60名教师都按时完成作业,从上交的教学设计来分析,大部分教师不知道从哪几个方面分析教学内容和学生情况,教学目标的制定与表述还不够准确,在教学策略的选择上与北京市课程改革的理实一体的课程理念、行动导向的教学法还有一定的差距。依据上述对参训教师的基本情况、学习需求的统计,参训教师的工作量较大,所涉及的专业包括 5 个专业门类,对这些需要我们采取混合学习模式开展培训。依据参训教师的学习需求和培训师通过对参训教师教学设计的分析,两者的结合能更好地制定本次的培训内容。

培训资源环境的评估。培训开展前,笔者除了对参训教师进行了调查和分析,还对开展培训的资源环境展开了调查和分析,包括完成培训任务所需的软硬件环境和人力资源环境。我们对评估培训机构的软硬件设备、培训学员目前所处的环境与混合学习的培训模式所需的条件进行对比,对达不到要求的及时进行了调整。总之,我们当前的软硬件资源环境和人力资源环境经评估能够满足我们本次的培训要求。

制定培训目标。依据培训大纲要求以及参训教师的学习特点,我们制定了培训的整体目标,并将培训目标细化到每一个学习任务和知识点。这有利于帮助参训教师和培训专家把握培训的方向和控制培训实施的步骤。本次培训开展的最终目的,就是促进教师的教学能力在原有基础上达到一个新的水平。为达到这个目标,我们培训的分步目标就是通过专家面授,使参训教师理解并基本掌握教材内容(有效设计教学情境);能够实证分析学生情况;进行教学目标的制定;开展有效设计教学活动(灵活选择教学策略);指导学法培养思维;科学运用评价方式及反思评价教学能力;等等。如果要达到掌握以上这 6 个能力要点的操作方法,就需要通过参训教师做研究课,针对研究课进行研讨,专家点评,自检、互检能力等的实施来实现,同时还要参考《标准》指导教学实践的文本案例和视频案例。

培训方式选择。通过多方面的研究分析,我们决定采取课堂面授、网络学习以及移动学习相结合的混合学习的培训模式进行本次培训。

(2)基于混合学习模式的教师教学能力培训设计

选择培训内容。根据《北京市朝阳区中职专业课教师教学基本能力检核标准》的要求和我们制定的培训目标,以及参加培训教师当前具有的知识水平、技能态度和教学实践需求,我们选择了具体的培训内容。培训内容的设置是混合学习的培训模式保证培训效果的重要因素之一,也是整个培训活动的重要支撑。

为了提高培训效率,提高培训内容的针对性和有用性,我们对即将参训教师进行了问卷调查。根据这些调查,综合考虑了教师的意愿选择培训的内容,打破以往培训中出现的"高压低效"的现象。基于教师们对培训内容的重要程度的认识,我们主要考虑以下几个方面的培训:教学设计能力中的教学内容分析能力、学情分析能力、教学目标制定与表述能力、有效设计教学活动能力、学法指导、教学评价能力、在专家指导下的课堂教学实践(设计好的教学内容,在课堂中能否顺利实施,教学目标的达成度)。调查结果显示,首先,教师普遍希望通过培训来掌握如何进行学情分析、制定和表述教学目标,教学活动设计如何有效,采取哪些教学策略实现教学目标;其次,教师对一些典型的教学案例的剖析比较感兴趣;最后,希望在专家的指导下进行课堂教学的研讨交流,提高教学实施能力。我们按照调查得出的结论进行了培训内容的设置。

开发培训资源。根据培训需求和培训内容我们选择并开发了相应的培训资源。主要有集中授课所需的课件,进行网络学习的平台以及大量数字化、媒体化资源。培训资源的组织、设计与开发对培训活动能否顺利进行,能否得到相应的培训效果起着非常重要的作用。

北京市朝阳区教师研修网即教师专业发展智能支持系统,是为朝阳区教师研修而建设的平台,这个平台能提供网络远程学习和活动。北京市朝阳区教师研修网能为参训教师提供学习资源,包括阅读资料、讲座的课件、教学视频、教学案例等。

基于混合学习的教师教学能力培训策略。培训策略的制定是顺利实施培训并最终达到培训效果的关键。本课题为培训活动选择的培训策略主要包括集中面授策略、课堂教学实践指导策略和网络教学策略等组成部分。

培训以参训教师为中心,关注参训教师的需求。通过培训,解决教育教学中的实际问题,是所有教师参与教学能力培训的需求之一。因此,能否对参训教师的实际需求有准确而细致的把握,是决定培训效果好坏的关键。笔者认为,前期调研采用问卷、访谈、观察等多种方式进行培训需要的调查和分析,能够使制定培训的内容和选择的方式更具有针对性和实用性。在这一过程中,还能够找出培训目标与教师现状之间的差距,从而保证培训目标的合理性。具体操作过程如下。

在培训方式方面，由于在任教师教学任务繁重，全部培训完全依赖于统一安排时间进行面授变得不切实际。因此，受训教师呼吁多样化的培训方式。而朝阳分院设计开发的网络学习平台完全适应这种需求，该网络学习平台包括中等职业学校教师教学能力培训的信息、专家讲座、师生论坛以及有关培训资料上传与下载。同时，我们同步使用的手机短消息等即时通信工具已实现通知下发以及个别辅导等功能，通过多种途径为中等职业学校教师的教学能力培训提供全方位的技术支持与服务。

在培训内容的选择与设计方面，针对教学设计的关键因素，即教学内容分析、学情分析、教学目标制定、教学策略的选择、教学活动的设计等进行有针对性的指导培训。将集中培训的内容录制成视频，制作成流媒体课件上传到我们的网络学习平台上，以便参训教师进行自主学习。

选择高水平的培训专家，组织多样化培训。培训师资水平直接决定培训的最终效果。中等职业学校教师的培训是否能够达到培训目的，与培训专家自身水平、培训理念和培训方法都有密不可分的关系。决定培训效率的另一个重要因素就是培训方式。传统的培训只采用单一的集中面授方式，已不能适应受训教师的需求。

针对教师教学能力现状对症下药，鼓励参训学员相互为师。培训师在培训过程中，通过深入课堂进行现场听课、对一线教师以及学校教学负责人运用访谈、问卷等各种方式进行调查，发现并整理中等职业学校教师在教学设计、课堂实施过程中出现的各种问题，予以有针对性的指导和解决。三人行，必有我师焉。在我们的混合学习的培训模式中，其中一大特色就是发现教学能力较强的参训教师（比如讲解能力、示范能力、学情分析具体）并将他们推举为师，将他们的特色课程片段作为案例放在网络学习平台供其他教师借鉴。同行之间相互为师更有说服力，使培训更具针对性，效率更高。

任务驱动可以提高兴趣、加强管理和保障质量。参训教师可以根据自己在实际的教学工作中遇到的问题和自己已有的教学经验来进行有选择的学习，我们的网络学习平台支持教师的个别化学习，这种任务驱动式学习更能激发参训教师的学习兴趣。

（3）基于混合学习模式的教师教育技术培训实施方案和过程

设计培训实施方案。根据我们对混合学习的培训模式可行性的分析，综合考虑培训实施过程中所涉及的各个要素，包括培训内容、培训方式、培训专家、培训资源环境、培训时间、培训策略等，我们设计了培训实施的具体操作方案。

培训方案实施过程。有了培训方案，我们就严格遵循培训方案开展培训工作。由培训专家教师、培训管理人员以及参加培训教师和培训辅导人员共同参与完成。

集中面授的课题主要是针对6个能力要点的解读和典型案例的分析；到参训教师所在的学校进行实践指导，以达到对基层学校学员的面对面指导的目标。

网络在线学习则是依靠北京市朝阳区教师研修网平台进行同步或异步的交流、借鉴和学习。

下面是每个专题以模块的方式进行的教授内容（以专题一为例）。

专题一　实证分析学生情况

模块1　学情分析构成要素的解读

模块2　案例分析

模块3　技能训练

模块4　根据构成要素修改自己的学情分析

模块5　在线观看视频并进行研讨交流

模块6　填写培训日志、上传作业

（4）基于混合学习模式的中等职业学校教师教学能力培训学员考核评估

对学员最终的考核评估我们采用了多元评价方式：①传统的试卷考核，即笔试；②作业分数考核；③学员在培训过程中的参与程度考核；④说课考核等。对于以上考核方法，主要采用的是教师评价、自评和小组评价相结合的方式，这样的考核得出的总成绩既客观又不缺乏人性，深受各位参训教师的欢迎。以本次项目考核为例，根据以上的考核方法，考评结果是参加此次培训的86名教师都通过了考试，取得"十二五"专业必修学分，并获得了合格证书。

（5）基于混合学习的教师教育技术培训模式评价

我们采取填写评价表的方式对本次混合学习的培训模式进行了评估，评价表从以下几个方面设计:培训内容是否合理、培训方式是否满意、教学能力是否得到提高。

培训内容的评价。我们对培训内容也进行了满意程度的评价调查。调查结果见表2,学员100%承认我们的内容是正确的,有84名学员对培训内容的信息量持肯定态度,另外有3名学员认为我们的培训内容不能完全符合他们对学习的需求。可见我们的培训内容在很大程度上是符合广大参训教师的学习需求的,这与传统的单一面对面培训形成了鲜明的对照。因此,培训内容的多样化是中等职业学校教师培训的核心。综上所述,混合学习的培训模式符合中等职业学校教师对培训内容多样化的需要。

表2　培训内容满意程度

单位:人

	内容正确	信息量合适	符合学习需求
是	86	78	74
一般	0	6	9
否	0	2	3

培训方式的评价。本次培训我们突破了单一的传统集中面授式的培训方式,将网络学习和移动学习等信息化技术融入我们的培训过程中。对于我们所使用的混合学习的培训模式能否满足学员的要求、能否提高培训的效率、能否保证培训效果、能否为学员所接受,我们也进行了问卷调查,调查结果见表3。

表3　培训方式满意程度

单位:人

	满足学习需求	提高工作效率
是	77	72
一般	8	11
否	1	3

由调查结果我们可以清楚地看到,只有1名参训教师认为我们的这种培训方式还不能满足他们对学习的需求,而96.5%的参训教师认为接受了培训使他们的工作效率得到提高。所以我们认为,用混合学习的培训模式进行教师教

学能力培训是符合学员需求的,也是切实有效的。

培训目标实现程度的评估。教师教学能力是提高教学质量的关键,《中等职业学校教师专业标准》中要求中等职业学校教师具有专业能力的教学设计、教学实施、教学评价反思能力,所以我们本次培训的最终目的也是要实现每位参训教师的教学能力的提高,最终让每位中等职业学校教师都具备"如何教"的专业技能,依靠这些专业技能来解决工作中遇到的相关问题。培训结束我们针对最终的培训效果对参与培训的教师进行了问卷调查。从调查结果来看,100%的教师觉得自己的教学能力通过培训之后得到了不同程度的提高,有81%的老师认为得到了很大程度的提高,很显然,用混合学习的培训模式进行教师教学的能力的培训实现了提高教师教学能力的培训目标。总之,无论是培训内容还是培训方式,混合学习的教师教学能力培训模式都得到了参训教师的一致认可,我们的培训达到了培训目的。

笔者通过对混合学习的模式应用于中等职业学校教师教学能力培训的实证性研究,认为混合学习模式是适应信息技术发展的优化学习方式,这个模式最重要的特点是能够利用新技术、新手段不断提高学习效率、改善学习方式、提升学习质量。这个特点在中等职业学校教师教学能力培训的过程和结果中也得到了印证。

混合学习的培训模式既保证了现有教学方式的亲和力、执行力,也体现了新的信息技术手段带来的效率性和便利性,既保证了培训的质量,也提供了培训方式的更多选择;既发挥了学员的自主学习的积极性,也实现了培训者对培训效果的监控和评价。混合学习的模式应用于中等职业学校教师教学能力培训是完全可行的,是非常必要的,也被证明是非常成功的。但是,在混合学习的模式应用于中等职业学校教师教学能力培训的过程中,也存在着一些不足。例如,部分受训教师对于网络平台的运用还处于相对被动状态,对于网络平台下达的任务还存在应付的情况;培训专家对于网络平台的使用也需要进行辅助,其教育技术的能力还有不完全适应智能平台要求的情况。但是,总体而言瑕不掩瑜。可以期待的是,混合学习的培训模式将随着信息技术的不断发展为我们带来更为广阔的应用前景。

（二）学情分析：职业高中专业课教学设计的起点（本文获北京市 2014—2015 学年度基础教育科学研究优秀论文三等奖）

学情分析是教学设计过程中的一个重要步骤，是了解学生发展的起点状态，预测学生发展可能的基本手段。教学设计的一切活动都是为了学生的学习，教学目标（教学的终点）的制定需要符合学生的现实情况；教学过程的设计要考虑学生的年龄、认知、生活经验等因素。学生在学习过程中是以自己的特点和学习方式通过建立或改组自己的认知结构获得学习结果。因此，要取得教学设计的成功必须重视对学情的分析。

1. 职业高中专业课课堂学情分析存在的问题和原因探究

笔者在朝阳区职业高中专业课教师继续教育的培训工作中发现，职业高中专业课课堂教学存在一些问题。

案例 1：这是一节教师从德国学习回校后的汇报课，尝试用站点教学法进行教学。教师准备充分，学生自主学习体现充分，但是在实际操作环节却出现了一系列教师没有想到的问题：邮寄明信片学生先称重量；寄往外地的信，邮编竟然是"010"开头；开窗信封邮编与所装信件邮编不一致；不会选择信封的规格；不知道 4.5 元的邮票怎么贴。教师不得不花时间解决这些成人认为最基本的问题，结果导致教学内容没能按时完成，拖延了授课时间。

案例 2：一节串联电阻的焊接和测量课，老师的教学设计是把焊接和测量作为本节课的重点，但由于对学生焊接技能能力分析不足，导致这节课只完成了串联电阻的焊接。

这些课堂上出现的问题，都是由于在教学设计中对学情分析不足，没有找到学生真正存在的问题。另外，在老师提交的教学设计中，虽然都写了学情分析，但存在着泛化现象，主要表现在两个方面。

一是空洞抽象。例如，"我所教的对象是西餐烹饪专业高二年级的学生，实际动手操作能力的差距较大，协作能力较弱"。这样的学情分析是对本班学生所处阶段的年龄特点和专业能力的判断，但是这种判断比较空洞，对于具体的课堂教学设计指导意义甚微。

二是表面浅显。例如，在美容专业"制作全贴片指甲"的教学设计中，学生的难点是"将指甲贴片贴正、贴牢",这样的学情分析客观上指出了学生的难点,但是缺乏进一步的分析和思考:为什么学生会对指甲贴片贴正、贴牢感到困难? 是对指甲贴片的制作流程掌握不好,还是对指甲贴片的操作要领难以掌握? 或是其他原因? 由于教师缺乏深入思考,可能会导致教学设计中无法突破难点。

学情分析的泛化导致了学情不能为教学目标的制定和教学过程的设计提供有价值的信息,使得学情分析和教学设计的其他部分互相割裂、毫无联系,这样的学情分析是低效的。

通过对多位专业课教师的访谈笔者了解到,大部分教师都认同学情分析的重要性,主要问题是不知道如何在教学设计中开展学情分析。教师们普遍存在的现实困惑包括:学情分析的内容是什么? 学情分析的方式有哪些? 什么样的学情分析最有效? 因此,本文将对职高专业课教学设计中的学情分析的内容、方式、有效性判断等方面进行探讨,并提出学情分析应贯穿于教学设计的全过程。

2. 职业高中专业课教学设计的起点——学情分析

(1)学情分析的内容

学情分析包括一般性分析和具体分析。一般性分析包括学生的学习态度、学习习惯、学习兴趣、学习风格,学生的年龄特点和班级整体情况等,适合在接新班时进行分析,他们在一定时期是相对稳定的。具体分析是指针对某单元、某节课的学习,对学生的基础知识、基本技能和基本能力水平、学生学习该内容的优势、容易出现的问题和学习中可能遇到的困难等方面进行分析。一般性分析和具体分析就好比年、月、日,学生的学习风格、年龄特点、学习习惯如同"年"相对稳定,每个单元的学情分析如同"月",每节课的学情分析如同"日",要依学生已有的经验和能力水平进行分析。

教学设计中既要考虑学生的一般性特点(如学生的年龄、认知特点等),更要加强对学情的具体分析,即确定学生学习起点(与本课核心内容直接相关的基础知识、基本技能的掌握情况或基本能力水平),判断学生在学习新知中可能遇到的困难,等等。

案例3:中餐烹饪专业高二年级的学生学习中餐面点——麻团的制作

中餐面点是北京市职业高中专业课的课改课程,按照以工作过程为导向的课程观,本次课所在的学习单元是《米粉面团》,这个学习单元分三个任务来完成:任务一是煮制品、任务二是炸制品,任务三是蒸制品,本次课是任务二的教学内容。

在学情分析时,老师这样分析到:任务一学生学习了用凉水、米粉来调制面团,学习了汤圆的制作流程,并制作出了汤圆,通过课堂观察95%的学生已经掌握。任务二学习制作麻团,与任务一的相同之处是都需要调制米粉面团,只是在烹调方法上的不同,因此把制作汤圆和麻团的区别和联系作为本次教学的起点。在完成本次任务麻团的制作中,学生可能遇到的问题是掌握不好炸制的火候,因此老师通过播放视频先让学生学习,再在学生动手操作时给予具体的指导来让学生掌握麻团炸制的火候。

这个学情分析针对学生的现有学习基础,恰当、准确地确定了学生的学习起点,为教学目标的实现,到达本次课的终点奠定了很好的基础。同时,准确找到学习的难点——炸制火候的掌握,并采取了相应的措施进行解决。

(2)学情分析的方式

学情分析主要有经验判断和实证分析两种方式:经验判断主要是教师基于以往的教学经验对学情进行判断,属于主观判断;实验分析则是通过观察、试验或调查等方法获取客观资料,对学情进行判断、分析,强调根据实际情况或资料进行客观判断。教师的经验往往来自以往的教学实践,所以经验判断实际上也是通过实证获得的。当然,经验判断有其局限之处,过去的学生和现在的学生不同,不同班级学生情况不同,而实证分析的方法则可以更准确地了解学生情况。因此,经验判断和实证分析这两种学情分析的方式都很重要,是相辅相成的。在实际教学中,教师可以根据具体教学内容,采用经验判断和实证分析相结合的方式进行学情分析。

对于经验判断教师都很熟悉,这里主要介绍实证分析的一些方法。①观察法:主要是通过课堂观察了解学情。②书面资料分析法:通过文字记载材料间接了解、研究学生的情况。书面材料包括学习档案、笔记本、练习本、作业和试卷等。③访谈法:通过和学生相互交谈、问答等活动了解学情。④调查问卷法:利用学习平台或问卷等方式,发布问卷,快速有效地了解学生学情。⑤测试法:通过线上或线下测试,了解学生学情。

案例4:调酒专业的高二学生学习《酒杯的认知》

老师利用教学平台,把调查问卷发布到平台上,目的是了解学生掌握了哪些,又有哪些内容没有掌握,找到学生的问题所在,即学生真正存在的问题。

1)请同学们用连线的方法辨别下面7种酒。

| A | B | C | D | E | F | G |
| 啤酒 | 白兰地 | 威士忌 | 雪莉酒 | 白葡萄酒 | 红葡萄酒 | 香槟酒 |

2)请为这些酒挑选适合他们饮用的酒杯。

①_____ ②_____ ③_____ ④_____ ⑤_____

⑥_____ ⑦_____ ⑧_____ ⑨_____

A.啤酒 B.白兰地 C.威士忌 D.白葡萄酒 E.红葡萄酒 F.雪莉酒 G.香槟酒

在学习平台上,学生提交问卷后,后台显示统计数据,学生对第一题的掌握很好,90%的学生都答对了。在第二题中学生们都能挑选出的啤酒杯①⑦的白兰地酒杯,尤其是②⑨⑥红白葡萄酒杯、香槟酒杯,学生不容易辨认,错误率达到40%。通过数据分析,老师确定了学生现有的学习基础:全班90%的学生能准确地辨认出7种酒都属于什么类型的酒,全班学生都能识别出白兰地酒杯和啤酒杯,有40%的学生不能辨认出红白葡萄酒杯、香槟酒杯。确定出学生学习新知会遇到的困难是:不能正确区分红、白葡萄酒杯,香槟酒杯;不能正确说出这些酒杯的名字。因此,教师通过提问的方式让学生回顾红白葡萄酒的口味特点、饮用温度,解释为什么要这样设计酒杯的原因,并采用让学生进行复述的方法,帮助学生正确区分红、白葡萄酒杯和香槟酒杯等。

这样通过问卷的方式找到学生的真问题,即学生的难点,通过教学策略帮助学生解决学生的问题,这样的方式才能真正达到教学的目的,更有效地实施教学。

3. 学情分析有效性的判断

有效的学情分析应该从教学目标的制定、教学策略的选择、教学过程的设计,以及教学效果(目标的达成度)来判断,如果学情分析不能在教学目标的制定、教学过程的设计等方面有所体现，这样的学情分析往往是低效甚至无效的。

案例5：麻团的制作

根据案例3提及的学情分析，教师根据学生的具体情况，制定的教学目标如下，知识目标：①能说出制作汤圆和麻团的区别与联系；②能复述麻团的成形和炸制的要领。能力目标：①能够在40分钟内完成麻团制作任务和能用同样的食材制作创新成品的任务；②能在老师的指导下按照麻团成形的操作步骤制成生坯；③能在老师的指导下按照操作要领炸制麻团；④能根据麻团成品质量标准进行互评。情感态度与价值观目标：①能在展示自己工作成果的过程中，体验成功的快乐；②能在完成工作任务中具有安全意识和操作规范意识。针对教学目标教老师的教法是任务驱动法，学生的学习方法是小组合作学习。教师在教学过程的设计中安排了以下活动。

第一个活动是创设一个真实的工作情境，明确今天的工作任务是制作麻团。第二个活动是引导学生分析工作任务，教师提问：汤圆制作的流程是什么？使用课件出示制作麻团的流程，请学生对比这两个制品的工作流程，说出它们之间的区别和联系。这样做的目的是让学生更快、更准确地掌握麻团制作的流程。接着教师播放制作麻团的视频，讲解炸制麻团的要领和麻团成品的质量标准。通过这些活动帮助学生明确操作要领，为后面自己动手操作奠定基础。

第三个活动是实施任务，各组在组长的带领下，明确分工，在规定的时间内完成麻团的制作，做到每组制作出15个麻团。教师到各组巡视，给予个别指导，发现问题及时解决。

第四个活动是评价任务，各组把成品摆在盘中，根据质量评价标准，采取教师评价、学生互评的方式，选出制作最好的麻团，对获胜组给予奖励，激励大家努力学习专业。

通过课堂教学，学生以组为单位按照教师的要求在40分钟之内完成了麻团的制作，成品符合麻团成品质量标准，达成了本节课的教学目标。

职业高中专业课教学设计中，作为专业课教师必须要重视学情分析，只有正确地确定学生学习的起点，才能在实施教学策略的过程中达到教学目标；只有全面了解职业高中学生，充分关注职业高中学生的需求，才能做到有的放矢，才能使教师的"教"更有效地服务于职业高中学生的"学"，更好地促进学生的发展和职业能力的形成。

（三）职业教育双师型教师培养模式创新性研究（本文获 2017—2018 学年度基础教育科学研究优秀论文一等奖）

1. 研究背景

职业教育师资队伍建设是影响我国职业教育事业发展的关键因素。"双师型"教师队伍建设工作,成为 20 世纪 90 年代以来我国教育行政部门指导职业教育重点校建设、师资队伍建设以及职业教育教育教学改革的主题。

尽管我国政策对职业教育"双师型"教师队伍建设高度重视,但"双师型"教师队伍建设滞后于职业教育的发展,成为制约职业教育质量提高的"瓶颈"。作为提高职业教育办学质量的关键的人力资源,"双师型"教师的人才培养模式创新成为目前职业教育改革和发展的当务之急。

2. 研究目的

通过对当前北京市朝阳区"双师型"教师队伍状况进行调查研究和分析,设计并开发"双师型"教师培训网络资源平台,采用信息化手段,为职业教育学校培养"双师型"教师提供培训资源、培训考核及统计数据分析,为教师提供资源共享、相互交流的网络平台,探索职业教育院校"双师型"教师培养的新模式。

3. 研究内容与理论架构

（1）研究内容

本课题主要的研究内容包括两个方面:一是开发职业教育"双师型"教师的能力测评工具,这是本研究的难点;二是应用信息化手段,设计并开发"北京市朝阳区职业教师网"（www. teacherofvocation. cn）,这是本研究的重点。

1）开发职业教育"双师型"教师的能力测评工具

本研究首先依据美国舒尔曼教授（Schulman）提出的学科教学知识（pedagogical content knowledge）理论和德国 KOMET 测评技术（职业能力与职业认同感测评项目）,开发职业教育"双师型"教师的能力测评工具。工具开发之后,选择部分中等职业学校教师作为研究对象,对其职业能力进行试测,对朝阳区"双师型"教师队伍现状进行初步调查,进一步修改、完善测评工具。

2）设计并开发"北京市朝阳区职业教师网"

应用信息化手段,设计并开发"北京市朝阳区职业教师网"（www. teacherofvocation. cn）,作为职业教育师资创新性培养的网络资源平台。

一方面,通过网站发布测评工具,通过信息化手段分析"双师型"教师队伍状况;另一方面,为职业教育学校培养"双师型"教师提供培训资源、培训考核及统计数据分析,为教师提供资源共享、相互交流的网络平台,进而探索职业教育学校培养"双师型"教师的新模式。

（2）理论架构

1）学科教学知识（Pedagogical Content Knowledge,PCK）

PCK 是学科教学知识的缩写,最早是由美国舒尔曼教授于 1986 年提出来的。根据 PCK 的主要观念,研究认为,若要测评教师的学科教学知识,需要考虑以下内容。①教学内容分析:包含知识、技能点、核心概念与学习价值、在整体中的地位与联系、重点与难点。②教学背景与学生分析,包含新内容与学生原有知识经验的关系、思维方面的基础、技能方面的基础、个体差异。③教学策略:包含教学目标确定与表述、目标达成的检测方法、教学流程、典型教法、突破难点的策略、教学环境设计、教学资源获得与利用。根据上述理论基础,本研究开发出对职业教育"双师型"教师具备的学科教学知识进行测评的工具（详见表4）。

表4　学科教学知识测评工具

研究维度		调查问题	测评等级				
			A	B	C	D	E
教学	教学内容分析/把握	关于这个话题你打算让学生学习什么	（1）思路清楚,内容描述全面、具体,具有逻辑性,符合教学大纲	（2）思路清楚,基本能够阐述教学主要内容,符合教学大纲	（3）能够表述教学内容,但缺乏逻辑性,没有充分考虑教学大纲	（4）教学内容表述笼统、不够全面	（5）只能提出部分教学内容,思路不很清晰

续表

研究维度		调查问题	测评等级				
			A	B	C	D	E
教学	教育价值分析	为什么说学生学习这些内容很重要	（1）能够清晰地说明蕴含在其中的核心概念和技术思想方法	（2）能够意识到内容蕴含的核心概念或技术思想方法,但表述不够清晰	（3）模糊地感觉到内容蕴含的核心概念或技术思想方法，但表述不当	（4）只知道具体内容，不能阐明内容蕴含的核心概念或技术思想方法	（5）毫无突出核心概念和技术思想方法的意识
	内容的纵横联系	还有哪些内容与这个话题相互联系	（1）能够分析教学内容的上下位关系，明白讲本内容的意义	（2）基本能够说出本核心概念的下位内容	（3）能够找到本内容与其他内容的前后联系	（4）不能够清楚地说明本内容与其他内容的联系	（5）没有回答或不能说明本内容与其他内容的联系

研究维度	调查问题	测评等级				
		A	B	C	D	E
学生分析 学生基础分析	学习时,学生在理解内容方面有哪些优势与局限	(1)能够分析学生的学习机制,指出同化或顺应的关系	(2)能够分析学生的前概念或技能,说明对本次学习的影响	(3)有学情分析的意识,但是不能清晰地说明学生的前概念或技能,说明对本次学习的影响	(4)学情分析不够准确、清晰	(5)没有进行学情分析
学生技能思维分析	学生在思维水平上有哪些局限需要提高	(1)知道本话题具体要培养学生的工程思维,并指出学生目前的差距	(2)注重学生的工程思维,但是缺乏具体的分析,目标比较笼统	(3)缺乏上位思考,只能分析学生的差距	(4)缺乏培养学生思维的意识	(5)不知道学生思维培养的内容,没有作答

续表

研究维度	调查问题	测评等级				
		A	B	C	D	E
教学策略	教学流程	教学流程	（1）基于教学内容分析和学情分析,内容合理、流畅,有较强的逻辑性	（2）能够联系到上述分析,设计合理的教学流程	（3）教学流程设计与学情分析基本无关,但流程设计完整、合理	（4）教学流程设计比较零散,基本完整,但缺乏内在联系	（5）没有完整的教学流程
	影响教学的因素	其他影响教学的因素	（1）能够考虑到影响教学的因素,有合理的安排和预案	（2）能够考虑和分析到影响教学的主要因素,有事先的准备	（3）能够部分考虑到影响教学的因素	（4）不能够很好的提出影响教学的因素	（5）没有意识到影响教学的因素,没有作答
	教学策略	教会不同学生教学策略	（1）在学情分析的基础上,能够找准突破难点的策略,能够在面向全体和个别的基础上自如地应用各种教学策略	（2）有主观预估的难点和突破的策略,能够运用各种教学策略	（3）缺乏教学策略的分析和思考,按部就班地实施教学计划	（4）没有突破难点和各种教学策略的意识	（5）没有突破难点和各种教学策略的考虑,或者没有作答

2)德国 KOMET 测评技术

KOMET 是职业能力与职业认同感测评项目的缩写,是继世界技能大赛、职业资格考试等能力测评方法之后,专门以高职学生为测评对象的一种职业能力测评技术,旨在科学、系统地对高职学生的职业能力、职业能力发展以及职业承诺等做出评价。它建立了自己的职业能力模型、设计了完善的职业能力测评方案、开发了科学的职业能力测评工具与方法并对其进行了验证。

肖化移等(2013)介绍,德国科委建构了 KOMET 二维能力模型。组成该模型的两个维度分别为:①要求维度,可显示能力要求,即"能力级别";②内容维度,可显示能力的内容结构,即"学习(任务)范围"。

KOMET 研究者们把职业教育的能力水平划分为 4 个级别:名义性能力、功能性能力、过程性能力、设计能力。在此基础上,形成了"KOMET 二维职业能力模型",如图 5 所示。

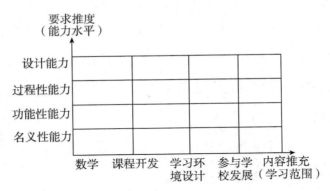

图 5　职业教育"双师型"教师能力结构模型

在上述基础上,KOMET 研究者们建立了用于设计测试题目以及对任务解决方案进行解释和评价的 8 个能力指标。①反映功能性能力的指标:直观性、功能性;②反映过程性能力的指标:使用价值导向、经济性、生产流程和过程导向;③反映整体化设计能力的指标:社会接受度、环保性、创造性。

4. 研究成果

(1)朝阳区中等职业学校教师职业能力测试及分析

本研究选择朝阳区某职业学校机电专业的8位中职教师,对其职业能力进行了两类测试:一类是职业技术能力测试,另一类是教学能力测试。

1)职业技术能力测试

课题组于2016年5月对朝阳区某职业学校8位机电专业教师的职业能力进行了测评。研究者基本按照KOMET模型,对研究对象进行职业技术能力测试。测试等级解释完全照用,采用8个指标及解释。本次测评根据KOMET理论,编写了机电类教师的测试题。

KOMET 教师职业能力测试题——机电类

情境描述

学校决定拨款为你们专业建设一个一体化专业教室。

该专业教室设计为小班教学,学生不超过30名。建造这个教室时,除了购买新设备外,还需要改造一个旧的"实训车间"和旁边一间"准备室","实训车间"和"准备室"之间的隔断为非承重墙(各专业可根据实际需要设计右图中两室的面积和尺寸)。

请您设计一个专业教室建设方案,方案包含以下内容:

……

任务要求1:

……

---

2)教学能力测试

在测试过程中,问卷任务2要求是:根据上述题材,设计项目教学,请给出您的教学计划。根据研究对象提交的教学计划,依据下面的测评表打分。

研究维度	调查问题	测评等级				
		A	B	C	D	E
教学	1. 教学内容分析/把握	1. 关于这个话题你打算让学生学习什么	(1)思路清楚,内容描述述全面、具体,具有逻辑性,符合教学大纲	(2)思路清楚,基本能够阐述教学主要内容,符合教学大纲	(3)能够表述教学内容,但缺乏逻辑性,没有充分考虑教学大纲	(4)教学内容表述笼统、不够全面	(5)只能提出部分教学内容,思路不清晰
	2. 教育价值分析	2. 为什么说学生学习这些内容很重要	(1)能够清晰地说明蕴含其中的核心概念和技术思想方法	(2)能够意识到内容蕴含的核心概念或技术思想方法,但表述不够清晰	(3)模糊地感觉到内容蕴含的核心概念或技术思想方法,但表述不当	(4)只知道具体内容,不能阐明内容蕴含的核心概念或技术思想方法	(5)毫无突出核心概念和技术思想方法的意识
	3. 内容的纵横联系	3. 还有哪些内容与这个话题相互联系	(1)能够分析教学内容的上下位关系,明白讲本内容的意义	(2)基本能够说出本核心概念的下位内容	(3)能够找到本内容与其他内容的前后联系	(4)不能够清楚地说明本内容与其他内容的联系	(5)没有回答或不能说明本内容与其他内容的联系

175<<

续表

研究维度	调查问题	测评等级				
		A	B	C	D	E
学生分析	4. 学生基础分析	4. 学习时，学生在理解内容方面有哪些优势与局限	（1）能够分析学生的学习机制,指出同化或顺应的关系	（2）能够分析学生的前概念或技能,说明对本次学习的影响	（3）有学情分析的意识,但是不能清晰地说明学生的前概念或技能对本次学习的影响	（4）学情分析不够准确、清晰	（5）没有进行学情分析
	5. 学生技能思维分析	5 学生在思维水平上有哪些局限需要打破	（1）知道本话题具体要培养学生的工程思维,并指出学生目前的不足	（2）注重学生的工程思维,但是缺乏具体的分析,目标比较笼统	（3）缺乏上位思考,只能分析学生的差距	（4）缺乏培养学生思维培养的意识	（5）不知道学生思维培养的内容,没有作答

续表

研究维度	调查问题	测评等级				
		A	B	C	D	E
教学策略	6.教学流程	6.教学流程	（1）基于教学内容分析和学情分析，内容合理、流畅，有较强的逻辑性	（2）能够联系到上述分析，设计合理的教学流程	（3）教学流程设计与学情分析基本无关，但流程设计完整、合理	（4）教学流程设计比较零散，虽然基本完整，但缺乏内在联系	（5）没有完整的教学流程
	7.影响教学的因素	7.其他影响教学的因素	（1）能够考虑到影响教学的因素，有合理的安排和预案	（2）能够考虑和分析到影响教学的主要因素，有事先的准备	（3）能够考虑到影响教学的部分因素	（4）不能够很好地提出影响教学的因素	（5）没有意识到影响教学的因素，没有作答
	8.教学策略	8.教会不同学生教学策略	（1）在学情分析的基础上，能够找准突破难点的策略，能够在面向全体和个别的基础上自如的运用各种教学策略	（2）有主观预估的难点和突破的策略，能够运用各种教学策略	（3）缺乏教学策略的分析和思考，按部就班地实施教学计划	（4）没有突破难点和各种教学策略的意识	（5）没有突破难点和各种教学策略的考虑，或者没有作答

研究者最后根据提交的问卷,对相关内容逐项打分,各项分数详见表5。

表5　中等职业学校教师职业能力测评评分表(以 8 位机电专业教师为例)

类别	项目	教师1	教师2	教师3	教师4	教师5	教师6	教师7	教师8
PCK测评	1. 教学内容分析/把握	5	4	5	5	5	4	3	2
	2. 教育价值分析	2	3	4	3	2	2	2	1
	3. 内容的纵横联系	3	3	3	3	4	2	2	1
	均值	3	3.3	4	3.7	3.7	2.8	2.3	1.3
	4. 学生基础分析	4	3	3	4	4	3	2	3
	5. 学生技能思维分析	1	1	1	1	2	1	1	2
	均值	3	2	2	2.5	3	2	1.5	2
	6. 教学流程	3	5	4	4	2	3	3	3
	7. 影响教学的因素	2	4	2	3	2	2	2	3
	8. 教学策略	4	4	3	3	4	3	3	4
	均值	3	4.3	3	3.3	2.7	2.7	2.7	3
职业能力测评	1. 对委托方来说,解决方案的表述是否容易理解	4	4	4	4	4	4	4	2.8
	2. 对专业人员来说,是否恰当地表述了解决方案								
	3. 是否直观形象地说明了解决的方案								
	4. 解决方案的层次结构是否分明?描述解决方案的条理是否清晰								
	5. 解决方案是否与专业规范或技术标准相符合								

续表

		教师1	教师2	教师3	教师4	教师5	教师6	教师7	教师8
职业能力测评	6. 解决方案是否满足功能性要求	3.6	3.8	3.6	4	3.4	3.6	3	2.6
	7. 是否达到"技术先进水平"								
	8. 解决方案是否可以实施								
	9. 是否（从职业活动的角度）说明了理由								
	10. 表述的解决方案是否正确								
	11. 解决方案是否提供方便的保养和维修	1.6	1.6	1.6	3	1.6	1.6	1.6	2
	12. 解决方案是否考虑到功能扩展的可能性								
	13. 解决方案中是否考虑到如何避免干扰并且说明了理由								
	14. 对于使用者来说，解决方案是否方便、易于使用								
	15. 对于委托方来说，解决方案是否具有使用价值								

续表

		教师 1	教师 2	教师 3	教师 4	教师 5	教师 6	教师 7	教师 8
职业能力测评	16. 实施解决方案的成本是否较低	1	1	1	1	1	1	1	1
	17. 时间与人员配置是否满足实施方案的要求								
	18. 是否考虑到企业投入与收益之间的关系，说明理由								
	19. 是否考虑到后续成本，说明理由								
	20. 是否考虑到各种成本之间的权衡								
	21. 解决方案是否适应企业的生产流程和组织架构	2.4	2.6	1.6	4	2	2.6	2	2
	22. 解决方案是否以工作过程知识为基础								
	23. 是否考虑到上游和下游的生产流程，说明理由								
	24. 解决方案是否反映出与职业典型的工作过程相关的能力								
	25. 解决方案中是否考虑到超出本职业工作范围的内容								

续表

		教师1	教师2	教师3	教师4	教师5	教师6	教师7	教师8
职业能力测评	26. 解决方案在多大程度上考虑到人性化的工作设计和组织设计方面的可能性	2.5	2.5	2.5	2.5	2.5	2.5	2.5	2.5
	27. 是否考虑到健康保护方面的内容,说明理由								
	28. 是否考虑到人体工程学方面的要求,说明理由								
	29. 是否注意到工作安全和事故防范方面的规定与准则								
	30. 解决方案在多大程度上考虑到对社会造成的影响								
	31. 是否考虑到环境保护方面的相关规定,说明理由	2.5	2.5	2.5	2.5	2.5	2.5	2.5	2.5
	32. 解决方案中是否考虑到所用材料是否符合环境可持续发展的要求								
	33. 解决方案在多大程度上考虑到环境友好的工作设计								
	34. 是否考虑到废物的回收和再利用,说明理由								
	35. 是否考虑到节能和能量效率的控制								

续表

	教师1	教师2	教师3	教师4	教师5	教师6	教师7	教师8
36. 解决方案是否包含特别的和有意思的想法								
37. 是否形成一个既有新意同时又有意义的解决方案								
职业能力测评 38. 解决方案是否具有创新性	2	1.6	1.6	2.5	2	2	1	1
39. 解决方案是否显示出对问题的敏感性								
40. 解决方案中，是否充分利用了任务所提供的设计空间								

针对8位样本教师教学能力（PCK）部分评测实际数据进行分析，首先得到测试平均分值，见表6。

表6 部分测试项目测试平均分值

测试项目	实际得到的平均分数	折合百分制分数（%）
1. 教学内容分析/把握	4.125	82.5
2. 教育价值分析	2.375	47.5
3. 内容的纵横联系	2.625	52.5
4. 学生基础分析	3.250	65.0
5. 学生技能思维分析	1.125	22.5
6. 教学流程	3.375	67.5
7. 影响教学的因素	2.375	47.5
8. 教学策略	3.500	70.0

将 PCK 教学能力的平均分值进行由高到低排序,并对各档分值的含义进行整理,可得到表 7 所示内容。

表 7　PCK 教学能力的平均分值的含义

测试项目	实测平均分数	折合百分制(%)	定性描述	表现说明
1. 教学内容分析/把握	4.125	82.5	较好	思路清楚,基本能够阐述教学主要内容,符合教学大纲
8. 教学策略	3.5	70.0	合格	缺乏教学策略的分析和思考,按部就班地实施教学计划
6. 教学流程	3.375	67.5	合格	教学流程设计与学情分析基本无关,但流程设计完整、合理
4. 学生基础分析	3.25	65.0	合格	有学情分析的意识,但是不能清晰地说明学生的前概念或技能对本次学习的影响
3. 内容的纵横联系	2.625	52.5	缺欠	不能够清楚地说明本内容与其他内容的联系
7. 影响教学的因素	2.375	47.5	缺欠	不能够很好地提出影响教学的因素
2. 教育价值分析	2.375	47.5	缺欠	只知道具体内容,不能阐明内容蕴含的核心概念或技术思想方法
5. 学生技能思维分析	1.125	22.5	很差	缺乏培养学生思维培养的意识。不知道学生思维培养的内容,没有作答

由上述结果得出:教师对于一般性知识内容的教学掌握较好,教学内容处理水平处于讲解孤立的知识点和简单技能训练,培养的是缺乏创新能力的、熟练的技术工人。

教师对于职业教育对学生发展的影响缺乏认识。这反映出教师本身的知识结构缺乏系统思想和工程思维,只知道具体内容,不能阐明内容蕴含的核心概念或技术思想方法;不能以具体内容为载体贯穿提出问题(科学),确定问题(工程),创建、应用模型、计划、实施调查,分析、解释数据,运用数学、信息、计算机技术、计算思维,形成解释(科学),设计解决方案(工程),通过证据形成论证,获取、评价以及交流信息等基本思维方法渗透于教学中,使学生发展缺乏后劲。

培训的重点应集中于提高教师的认识水平、改善教师的知识结构。培训主题是"整体把握教学"。

教师主观上对于职业技术教育的方向和理论有一定认识,但是行动是错位的,仍然沿用传统的教学做法,没有完成从认识到实践的过渡,需要以案例为抓手,建立理论与实践之间的桥梁。培训基本模式为:理论讲解—案例引路—实践体验—总结提升—应用。

此外,针对8位样本教师职业能力(KOMET)部分评测实际数据进行分析,首先得到测试平均分值,见表8。

表8　部分测试项目测试平均分值

测试项目	实际得到的平均分数	折合百分制分数(%)
1. 直观性	3.85	77.0
2. 功能性	3.45	69.0
3. 使用价值导向	1.83	36.5
4. 经济性	1.00	20.0
5. 工作过程导向和企业流程	2.40	48.0
6. 社会接受度	2.50	50.0
7. 环保性	2.50	50.0
8. 创造性	1.71	34.30

从整体上来说,按照 KOMET 的界定,职业能力分为四个层次。

第一个层次是"名义能力",即掌握表面的、概念性的知识,这些知识还不足以引导行动。

第二个层次是"功能能力",即掌握基础知识,并理解知识之间的相互关系,明白知识、技能对实际工作中的意义,也就是说,能够运用基础知识解决一般性的实际问题。被试者在第二个层次上得分为 3.85 分和 3.45 分,处于较好状态。这说明,被试者的基本功比较扎实。恰当地表述了解决方案,直观形象地说明解决方案,表述容易理解;方案的层次结构分明,描述解决方案的条理清晰;与专业规范或技术标准相符。方案设计注重实现预期的功能。切实可行且能够初步论证设计的理由。

第三个层次是"过程性能力",能够把职业置之技能与工作情境联系起来,考虑生产流程、使用价值、积极性等具备较强的质量意识。被试者在这些方面的得分低于 2.5 分,在 1~2.5 分,说明这个层次的能力是缺欠的。被测教师给出的设计基本上是静态的、封闭的,缺乏使用价值的扩展的空间和应对创新问题的预案(本项 2 分)。对设计的环保性也缺乏考虑。

第四个层次是"整体化设计能力",要求把工作任务放在系统中考虑,不但要考虑到任务的复杂性,而且要考虑社会环境和工作过程的不同需要,具有优化与权衡的思想,具有创造和开发的空间和创新思维能力。被试教师在测试中几乎没有涉及这个方面的思考,说明这个方面既缺乏意识,也缺乏必要的知识和技能。被测教师的短板是缺乏系统思想,缺乏在一定制约条件下的权衡利弊的思考,如忽视成本等。

因此,培训课内容和课程从"高级初学者"向"有能力者"过渡。既需要理念提升和知识补充,又需要结合实际反思的专业能力,在案例分析和讨论中获得更高水平的职业能力。比较适宜的培训模式是讲座—案例分析—实践交流—总结提升的培训模式,以网络为平台开展。

同时,也发现平均水平只代表整体状况,被测教师存在着明显的个体差异。网络平台的学习能够比较好地解决这个问题。

（2）"北京市朝阳区职业教师网"平台设计及开发

"北京市朝阳区职业教师网"（www. teacherofvocation. cn）开发目标是通过开放的、B/S架构的门户网站技术,将教师发展的不同环节无缝地"黏合"在一起,通过数据和各功能模块的整合,增强教师的使用体验,实现个性化的服务与功能。

1）平台界面及功能说明

网站配色采用淡绿色,符合大多数教育类网站配色规律。标志与朝阳区职业教育网相统一。网站标志如图6所示。

图6　北京市朝阳区职业教师网标

此网站主要服务人群是朝阳区职业教师群体,一级栏目4个,分别是职教新闻、相关课程、教学资源和教师评价,设计简洁,但功能明了,针对性强。教师评价栏目的核心是在线考试系统。这是一个基于数据库和互联网的远程在线实时测试系统,包括出题、应答、批阅和题库管理,用户信息、资源、题库、试卷等都是作为数据库记录的形式存储,使系统的管理维护和扩展更为方便、更容易。出题界面如图7所示。

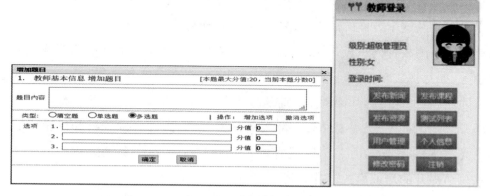

图7　北京市朝阳区职业教师网出题界面

在线测评系统的优势在于相关教师只要接入互联网,就可以从任何地点实时参与评测,评测完成后可以马上得到测试结果,教育管理部门可以及时对教师培训、研修的策略进行调整，同时也可以利用评测成绩生成相关的统计、分析数据，为职业教师专业发展服务。

2）平台特点

一般的教师在线评测系统主要针对教师的基本情况、基础能力进行考查，题目形态以客观选择题为主，虽然可以生成一些饼图、折线图，但仍然很难深入对教师的教学能力与教学行为进行分析和判断，以前评测系统的实质是网络调查系统。而我们研究的核心内容是针对职业教育"双师型"教师的特殊需求，把学科教学知识理论与德国 KOMET 职业测评技术理论结合起来，运用网络技术将两种评测进行有机整合，这样比较符合职业教育"双师型"教师的发展路线。网络评价注重评价的过程性，强调对教师的教学能力与职业能力的过程进行监控。但是对教师的教学能力、职业能力进行评价，存在一定的复杂性，所以一般的评测系统无法很好地解决评价的频度需求与评价复杂性之间的矛盾。本课题在平台研发阶段就对职业教师评测进行系统思考，可以生成多种图表，使得复杂的数据变得非常直观，方便管理者了解各学校教师的实际情况，如图 8 所示。

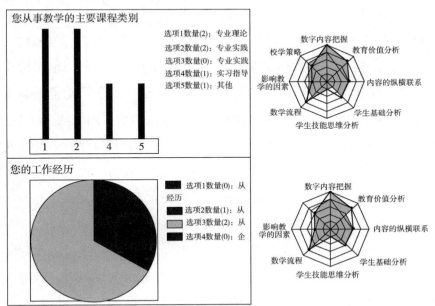

图 8　北京市朝阳区职业教育网多种教师评测图表

5. 后续研究

"双师型"教师培养需要一定的方法和途径,要按照职业教育的特点来培养和发展。通过借助信息技术来提升教师能力和素质,首先需要通过科学的测评工具,对"双师型"教师能力素养进行分析,找到专业发展的方向与路径。本研究基于 KOMET 对朝阳区中等职业教育学校教师进行初步测评,但由于中等职业教育学校教师的专业比较多,后续需进一步开发出更多专业、更适合我国国情的职业能力测评题目与测评方案。同时,利用信息化手段,对更多教师的职业能力进行测评和分析,以全面了解"双师型"教师的能力水平。

(四)中等职业教育学校专业课课堂教学中如何有效激发学习动机(本文获北京市第五届"智慧教师"教育教学研究成果二等奖)

学生的学习是否有成效,取决于两大因素,一是会不会学,二是愿不愿学。前者属于学习方法和策略,后者是学习动机问题。学习动机是指驱使人们进行某种学习活动,以达到一定目标的一种动因或力量,它能够激发个体进行学习活动,维持已引起的学习活动,并导致行为朝向一定的学习目标。有效激发学习动机是指教师不但能够运用教学手段和技能短暂地吸引学生的注意力,而且能够合理、科学地运用教学手段和技能,使学生的注意力长时间地维持在学习活动中,从而提高学习效果。据权威机构调查:中学生的学习动机问题占到学习问题的 57%,而职业高中生学习动机问题至少占到学习问题的 70% 以上,因此,激发职业高中生学习动机是学习成败的关键。多数职高生并非是文化课学习的佼佼者,而是经过九年制义务教育学习洗礼,造就的一批文化课学习的厌学者。这些学生上了职业高中,很难再激发起文化课学习的激情,而专业课的学习是全新的,专业课所表现出的新颖性(皮亚杰所认为的认知冲突)是有助于学习动机的形成,有助于效果的提高的。另外,专业课的学习关系到学生的就业,学生普遍有"学一门看家本领"的认识,对专业课的学习有一定的学习愿望,凭借这一初步的动机和新鲜感,学生开始了专业课的学习。但面对专业知识的复杂、训练的高要求以及重复训练的枯燥乏味,新鲜感渐渐地退去,初步的动机难以维持目标专一而持久的训练。以这种方式惯性运行下去,其结果是不能培养出社会需要的高素质的应用型人才,因此,有效激发职业高中学生的专业课学习动机,是解决中职生学习问题的关键。

1. 以恰当的导入方式吸引学生的注意,激发学习兴趣

导入是一节课的开场白,是将学生由非学习状态转入本节课学习的准备阶段,它有安定学生情绪、吸引学生注意、激发学习兴趣、把握学习目标、拉近与学生的情感距离的作用。俗话说,"好的开始是成功的一半",好的导入能够激发学生的兴趣,调动学生学习的积极性,能为这堂课的成功打下良好的基础。

注意力是开启心灵的门户,只有引起注意才能产生意识。吸引学生注意力的关键是抓住学生的兴趣点,高等职业学校的学生经常对贴近职业的工作任务感兴趣、对运动变化的事物感兴趣、对相互矛盾的事物感兴趣,对笑话、幽默故事感兴趣,对试验、操作感兴趣,对竞赛和游戏感兴趣。常用的导入类型如下。

(1)以复习旧知识为主的导入

这是最常用的导入方法,复习旧知识的目的:一是检查上节课的作业,了解知识掌握情况,及时查漏补缺并强化重点;二是为学习新的知识做铺垫,将需要用到的旧知识进行梳理;三是培养学生的思维习惯,即遇到新的问题,首先回顾、联想曾经学过的、见过的、听过的,主动检索,加强建构意识;四是养成做事严谨、尊重知识的良好品德。

从复习旧知识来引导学生发现新问题,并且在发现新问题时就让学生明白要探究的目标。这种方式是很多教师常用的导入法,让学生自己抓住新旧知识的不同点,在巩固了旧知识的同时,又让学生明确了新授内容的重点和任务,从而学生们也会在懂与不懂之间积极寻找问题、探索答案,这种方式为学生学习新知识打下了良好的基础。

(2)以刺激多种感官为主的导入

即通过音频、视频、动画等数字的或模拟的声像作品引起学生的注意力和激发学生的感知兴趣,在作品播放、演示中引出与本节课有关的内容,从而进入学习任务。

(3)以亲自参与活动为主的导入

利用事先创设的环境,让学生主动参与到活动中来,是一种非常好的体验

式导入方式,在紧密联系新的学习任务的活动中,初试自己的能力,展现自己的才能,有利于增强学习新知识、新技能的信心。这类导入可以通过完成一件动手操作的任务,一个本组设计的活动,一次预习中收集信息的汇报等。导入应注意活动内涵,即承载的旧知识、方法能力、引申的过渡等。

(4)以语言、文字素材、网络资源为主的导入

如阅读一段学习资料、案例、任务书,在校园网的指定资源库中了解学习任务,用生动的语言叙述一件事情等。

(5)以借助生活经验为主的导入

通过学生熟悉的实例或身边的某一现象导入新课,让他们在学习新授知识前就有一种亲切感和实用感,运用生活经验的导入需要教师熟悉学生的生活背景,所设定的情境是学生比较熟悉或比较常见的,选择生活化的例子目的在于引出主题,或者是在熟悉的生活经验中提出新问题、新创意,从而达到既不距离学生过远,又隐含着新的启示,推进社会经验的迁移和拓展。

2.创设贴近职业岗位的情境,明确工作任务,激发学生对学习内容的比较持久的学习动机

"以就业为导向、能力为本位"的专业课,课程内容来自生产与服务的典型工作任务,学习过程是在真实或仿真的环境中进行的,学习要求要符合企业工作流程与规范,即按照实际的职业活动情境培养学生的职业核心技能。在专业学习任务中,创设或引入职业工作情境,明确学习目标和学习任务是最有效的,因为学习是为了应用,只有贴近真实工作的学习才会产生且持续稳定地激发学生的学习动机。

基于工作任务的情境创设,可以有多种表现形式,如真实场景的创设形式,视频(动画)模拟创设形式,实际演示或示范的创设形式,交代任务(口头或书面)的创设形式,试误(或试探)操作的创设形式,问题引导逐步切入主题的创设形式。它不同于传统教学情境的关键是起于实际工作任务,转化为教学(学习)任务,学习主体立足在情境之中。

主要方法:任务交代法、模拟角色表演法、数字多媒体学习资源引入法、案例或范例引入法、逆向思维创设故障引入法、引导文引入法等。

（1）任务交代法

以布置工作任务为主的导入,一般采取给出本课任务书、工作单,企业工作项目合同、策划书等文字材料,学生通过阅读分析任务,了解本课的新内容。有时也用模拟视频或交代任务的对话录像,让学生从中了解新的工作任务。比如在"新娘捧花设计制作"中,学习的任务是完成两个客户订单,订单1,我们要为身穿白色婚纱礼服,肤色白皙,体态苗条的新娘,做捧花设计,这个捧花价格预计在600元;订单2,新娘身穿红色婚纱,肤色较暗,体态匀称,这个捧花的价格预计在500元。

（2）模拟角色表演法

给出一个情境,让学生随机表演,在表演中提出相关任务,引导学生进一步学习新技能。需要注意的是,导入情境是与工作任务情境相关联的,随机表演使学生可以自由发挥,一方面起到激发兴趣的作用,另一方面又能锻炼通用能力（表达、沟通）。比如"银行理财产品——新客户接待"中,老师给出"如何将这位客户引导到客户经理处咨询银行理财产品"的学习情境,让学生模拟表演,一位学生扮演大堂引导员,另一位学生扮演顾客,当引导员向客人介绍理财产品时,客人回答:"理财风险大,还是存定期。"教师创设的学习情境,来自真实的工作岗位,学生的角色表演,贴近我们的生活,能很快吸取学生的注意力,激发学生的学习兴趣。在这时,老师顺势提出问题:"刚才客户觉得理财产品风险挺大的。当客户回答到这个问题时,我们能得到哪些信息？我们如何回答客户的这个问题?"目的是引发学生的思考,进入本次的学习任务。

（3）数字多媒体学习资源引入法

采用数字多媒体手段,播放事先制作的动画片或视频,播放的同时提出思考问题或利用字幕提出问题,甚至提出学习任务。因为数字化手段形象,表现力强,能激发全体学生的兴趣,对引出任务、布置要求效果很好。但是,运用不同的媒体、采用不同的手段与学习内容、学习效率还是有差异的,所以,我们必须了解各种媒体的优势与不足,同时注意数字媒体的制作质量、视听觉卫生,给人以美的感受。例如,运用实物、模型等直观教具导入新课,能让学生通过观察激发学习的兴趣,活跃课堂的气氛,让学生充分感受到知识的具体化和形象化。

又如,利用多媒体、插图导入新课,当前的新教材大多数注重图文并茂的效果。在教学中我们也应该充分利用这些插图来导入新课。把插图做成动画课件,利用电视、幻灯与录音等手段或教师的语言与画面相结合,有利于学生走入学习情境中。

(4)案例或范例引入法

给出一个案例或范例,提出讨论的问题,组织学生进行初步分析,然后引出新课的学习任务。案例可以是正面引导的,也可以是辨别后提出新的工作任务。案例最好是典型的、真实的,除了直接与所学的知识相联系外,也可以是侧重能力训练的内容,以引起学生对职业能力的关注。

(5)逆向思维创设故障引入法

先给出一个简单的操作任务,由学生自行完成,通过对做事的思考、行动、结果,分析得失,并引出新的任务。运用尝试法使学生通过成功或失败总结出需要进一步学习的内容,尝试操作的任务要与学习任务紧密相关,操作任务不要太复杂。

(6)引导文引入法

借助预先准备的引导性文字,引导学习者解决实际问题。引导文的任务是建立项目工作和它所需要的知识、技能之间的关系,让学生清楚完成任务应该通晓什么知识、具备哪些技能等。学生通过阅读引导文,可以明确学习目标,清楚地了解应该完成什么工作、学会什么知识、掌握什么技能。在引导文的引导下,学生必须积极主动地查阅资料,获取有意义信息,解答引导问题,制订工作计划、实施工作计划、评估工作计划,避免传统教学方法理论与实践脱节、难以激发学生学习兴趣的弊端。

3.随时注意学生的兴趣和动机强弱,及时采取措施强化或补救

(1)对学生的学习活动一定要做出积极的反馈

学生在学习活动中,不仅愿意主观参加课堂学习活动,而且期望自己的学习行为得到老师和同学的肯定,因此教师在课堂上要针对不同学生的学习情况有目的地提出问题,让学生思考后回答。教师对学生的积极学习行为示以满意的微笑、点头称赞以及口头表扬,都会提高学生的学习动力。如果教师对学生

的某种积极学习行为没有任何反馈,将无形中降低学生的学习劲头。如果教师对学生的学习行为给予消极的反馈,诸如嘲讽、不正当的批评等,则会使学生丧失学习的信心。因此,教师应对学生的积极学习行为给予及时的肯定,以鼓励学生敢于想问题、提问题,不怕犯错误,充分利用外在动机力量调动学生课堂学习的积极性和自觉性,增强学生内在学习动机。

(2)关注学生的思维过程,并适当进行引导

课堂教学是师生的双边交流活动,教师在其中起着全方位调控学生思维的作用。面对一个真实的工作任务,学生时常由于思维受阻、停滞和定式而带来负面影响,影响任务的完成,为此,在教学中,教师要关注学生的思维过程,引导学生不断进行反思,积极寻找思维的难点和缺点,尽可能改变固有的思维模式,激活学生的思维。

在完成工作任务时,学生时常思维受阻,找不到解决的切入口,甚至停滞不前,这就是所谓的思维难点,思维难点是教师在教学中不可避免的一个矛盾,因此,在教学中教师要关注学生思维过程中问题的难点所在,调整问题难度,使学生的思维得以步步深入,克服怕难就退的思维情绪,通过师生思维的互动,不断树立学生信心,有效地去解决问题。

关注学生认知思维结构的不和谐之处,抓住学生面对新问题、新任务时出现的无所适从之处。在教学中,教师要精心设计问题情境,让学生反思思维过程,找到思维的缺点所在,触发学生的兴奋点,在疑与思的循环和矛盾中,不断产生认知冲突,用积极亢奋的思维状态去探索和研究工作任务。

(3)注意发现学生学习的困惑和问题,并采取恰当的教学策略

在课堂教学中,为了实现教学目标,教师要随时观察学生,发现他们的学习困惑,比如概念的不理解、难于掌握的技能等,出现个别学生听不懂、小组合作不积极等问题。作为教师要积极采取恰当的方法,对共性问题利用信息技术手段、集体讨论、教师示范等方法;对个别问题进行有针对性的指导,使学生持续保持学习的积极性。例如,在"兰花分株技术"的教学中,学生在园林实训基地——现代化温室,实施任务。四组学生按照任务书准备物品及工具,进行兰花分株操作,并在任务书上做好记录。各组质量监督员负责整个操作过程的质

量监控。教师在巡视过程中,捕捉并录制学生的操作情况,并提示"养兰重在养根",提醒学生操作时避免伤根。对个别问题有针对性的指导,对共性问题利用电子白板集中讨论。学生实操到第二步"分株"出现问题,针对如何选取最佳分株点,教师再次播放分株环节的视频,请学生重点观察"分株"操作方法,然后示范分株关键技能:选取假鳞茎连接的松散处、空隙大的地方作为分株点再让学生进行实践体验。教师抓拍学生操作,选取第二步"分株"典型问题回放录像,师生共同分析,纠正问题操作,不断强化操作技能。

(4)尊重学生的独特见解,适时给予积极的建议

在教学中,教师要鼓励学生积极参与教学,尊重学生的差异。学生的个性差异不仅表现在学生的个体之间的差异,还表现在独特的精神世界和兴趣特长之间的差异。教师不能用一个模式去塑造和评价学生,不能用一个水平去衡量学生,要尊重学生的不同理解和认识,使他们充分发挥自己的自主性、生动性和创造性,鼓励他们求异、求新。因此,在教学时应让学生主动积极地进行思维、情感活动,从而得出自己的独特见解,在完成学习任务的同时,获得思想启迪,享受到学习的乐趣,更能激发学生学习的积极性。例如,护理专业考前复习"冷热疗法",老师采用病例诊疗分析法带领学生复习。其中有一个题目是"炎症早期采用热疗的主要目的是什么,为什么?"学生进行小组讨论。有位学生没有针对问题进行思考,而是提出了自己的问题:"炎症早期为什么不能用冷疗?"面对学生独出心裁的提问,老师因势利导,请同学讨论。问题激发了学生探究的欲望,课堂顿时活跃了。一些学生上网查询"冷疗"法的适应症状,有些学生讨论"炎症"的多种疗法……讨论、探究的结果是,学生不仅复习了冷热疗法的技术和知识,还在比对过程中加深了对不同疗法诊疗原理的认识,效果超出了教师预先的设计。

(5)利用榜样的作用,激发更多学生参与学习

俗话说:"榜样的作用是无穷的,榜样是最好的教育。"教师要充分看到学生与学生之间的相互影响,主动在班级中树立学生榜样,更要注意教师自身的榜样作用,即要以身作则地学、以身作则地做。利用榜样的作用激发学生的学习热情,使学生更多地表现出教师所希望的行为。例如,在"绑草绳法防治美国

白蛾"的教学中,学生在校园实训基地进行绑草绳练习,教师先请 2～3 名同学根据学习过的绑缚方法和要求进行尝试演示,发现学生完成任务的障碍点,引起全体学生的重视,促使他们认真观看教师的演示,教师边演示边强调操作的关键点,学生能够认真观看。学生基本完成任务后,教师选择 2～4 株典型的绑缚得好的和不好的树株,请学生参照评价标准进行点评。明显的对比效果,使学生对绑缚标准有了直观的认识,同时激发了学生修正自己绑缚的欲望。教师强调不标准绑缚造成的危害,重申技术要点,同时渗透质量意识。评价学习后,学生能主动地修正自己不规则的绑缚。

(五)中德职业教育的比较

2013 年 9 月 29 日,我随北京市朝阳区教委职业教师团 28 名团员,再次乘坐飞往德国的航班时,心情还是很激动和兴奋的,同时也有更多的期待。期待着更深入地了解德国的职业教育,期待着了解德国对职业教育的教师的培养策略。

我们这次为期两周的培训,是在德国的纽伦堡孔子学院进行的,纽伦堡位于德国的东南部,在巴伐利亚州,是一个美丽的城市,经济发达,到处都能看到高级轿车,出租车也不例外,而且私家车很多,这比我 2009 年去的柏林要富有得多,这让我感受到在经济上德国东西部的差距。

这次培训课程是专门为我们这个团量身制作的,从理论到实践、从宏观到微观都有涉及。有纽伦堡工商业联合会(IHK)会长、德国西门子公司总裁、纽伦堡欧姆科技大学双元制大学校长、职业考试院负责人 Schroft 先生等重量级人物为我们做精彩的报告,让我们在理论层面上对德国"双元制"职业教育有了全面深入的了解;我们参观了纽伦堡工商联合会培训机构、舍弗勒公司、西门子公司和一所职业学校——纽伦堡国家职业教育中心,让我们亲身感受了"双元制"职业教育的实施,感触良多,收获颇丰。

1. 在办学体制上的不同

德国职业教育的办学体制是"双元制",是世界闻名的,是德国特有的,是德国职业教育成功的根源,被誉为德国经济腾飞的"秘密武器"。"双元制"的内涵体现在五个方面。

一是法律规定的双元,即职业教育由联邦政府和州政府立法规定相关内容,是国家通过立法的形式,"一元"是在学校,"一元"是在企业,是企业与学校共同办学,双方严格遵守《职业教育法》和《教育法》的规定,履行各自的职责。企业主动承担应尽的义务,接收学生在企业的生产实践,有完善的培训计划,合格的企业培训师,充足的培训经费,学生要和企业签订合同,而不是学校,职业学校在"双元制"中起着陪伴的作用。

二是学习内容的双元,学生在企业的学习时间是 60% ~ 70%,在学校的学习时间是 30% ~ 40%。他们的学生一周学习时间是这样安排的:每周三天在培训机构学习技术技能,两天在学校学习理论知识。在同一所学校学习理论的学生,不一定在同一个培训机构中学习技能。因为学习技能是由几个人组成的小组,而小组里的学生又来自不同的学校,因此,一个班的学生有可能被分到 10 个培训机构中实习培训。并且其中三天技能学习和两天理论学习是穿插进行的,不同的人学习理论和培训的时间是不相同的,并非统一学习理论后再统一培训。

三是学习目标的双元,即工厂的学习目标专业化,学校的学习目标全面化,二者统一于职业标准之下。工厂侧重实践,强调学生的实践动手操作能力以及职业素养的培养,职业教育学校的任务是在专业理论方面促进和充实企业中的培训(专业课程)和扩大学生的普通教育,帮助学生奠定人生的基础,使学生在德智体美上得到全面发展。学校培训的内容 2/3 是专业课,1/3 是普通教育课。

四是教学人员双元,在企业的学习,企业有自己的培训师。培训师要求专业技术水平高、达到一定年龄和 5 ~ 10 年的职业经验,在此基础上培训师要参加强化,参加教导方法的培训,要通过"实训教师资格考试",每个培训师最多只能带 16 名学生。职业教育学校的教师在德国是国家公务员,有严格的考评制度,经过两次国家考试合格,到学校任教还需两年试用期,才能得到教师资格。

五是受教育者身份的双元,即他们既是工厂的学徒,也是职业教育学校的学生。

通过上面的论述,我们感到德国"双元制"职业教育的最大优势在于能够面对任何方面的变化,无论是科学技术的发展还是社会的变革,这是因为"双元制"的一元是企业,也就是实际的生产过程,这种职业教育能够保证对新技术迅速反应。如果是一个纯理论的职业培训,很可能会出现所讲授的知识不符合生产实际的情况,因为企业在不断地采取新的工艺技术。而"双元制"职业教育不会出现这种情况,学生可以在企业中随时随地掌握生产中所需要的新工艺,新技术,他们掌握的是最新的东西。

我国的职业教育是由学校来承担的,是"一元制"。三年制的中等职业高中,第1、2年在校学习,第3年到企业实习,企业给学生实习费,但还属于学校的学生,这样办学的好处是在学校既学习理论知识,又进行实习培训,既有自己的理论教学教室,又有自己的实习培训场所,学生能整体而系统地上好理论课。但是我们这样的办学,学生的动手能力差,脱离企业的实际需要,毕业后不能立即上岗。德国的实践培训主要在企业里进行,一入学就接触到真正的职业实践;在企业里有经过资格考试和认定的培训师,而我国学生的实践培训一半甚至一半以上的时间主要还是在学校的模拟实训室进行,在企业实习时,也没有真正意义上的培训师。所以我们必须加强校企合作,与企业进行深度合作,采取工学结合的办学模式。

2. 职业行为规范、职业资格考试的不同

德国有340个职业可以学习,每一种职业均有小手册,这个小手册是职业行为规范,不论哪个州、哪个职业,都有统一的职业行为规范。

在德国,职业教育学校的毕业生每年都要通过各行业协会的考试,只有通过者才能领取技能上岗证上岗工作,如同我国的中等职业学校学生毕业要获得职业资格证书一样。但这种考试远比我国严格,考试的目的是检验学生是否具有职业行为能力,考试以职业行为规范为准则。

职业资格考试要成立考试委员会,委员会由企业主代表、员工代表、教师代表组成,负责评判书面的理论试题,主持实践操作的考试,判断学生是否具有职业行为能力。考试每年分两次进行,考试时间是统一的,一次是中考(中间考试),一般在第二年结束职业,学生必须在通过中考之后,才能参加第二次考试即毕业考试。考试分为理论考试与实操考试,一般理论考试需要2个小时,分客观题和主观题,主观题虽然不太好判,但能检查学生的语言组织、表达能力。实操则由专业而定,例如机电专业,一般考试需要 6～13 个小时,并且有 3 个监考教师监考,不存在作弊现象。每个学生有两次补考机会,因此通过考试的学生都能真正达到技术要求,是合格的毕业生,因此,德国职业学校毕业生的最大愿望就是能一次性地通过毕业考试。

德国的职业资格考试是客观、公正、严格的,是为企业培养高质量人才的保障,考试的重视程度、严格程度就如同我们的高考一样。

我国各行业也有职业行为规范,但不统一,各省、各企业行业都有自己的职业行为规范,没有德国那么统一,那么规范。我国的中等职业学校学生毕业也要考职业资格证书,也分理论考试和实操考试,形式大于内容,有些技能鉴定部门为了追求效益和合格率,开始降低标准,导致学生在就业时职业资格证书不能发挥作用,使得证书的含金量很低,有些地方甚至只要交钱,在短短的一个月之内就能培养出中级工、高级工,导致我国的行业证书满天飞,分量很低。

3. 教学方式的不同

德国职业教育的重点是培养学生的职业行为能力,不是以知识为本位,而是以职业行为能力为本位,也不是以技能为本位。在教学中教师将专业能力、方法能力和社会能力综合起来培养,面对一个项目、一个任务,学生要能够独立完成任务、自我评价,并能自主承担责任,如果学了知识和技能但不能把他们应用到职业工作中也是没有效果的,德国有句谚语:"如果总是抱着猎犬,猎犬永远不能成为猎犬。"

行动导向教学,强调学生在教学过程中的"行动性",即参与性、实践性和互动性,体现"以人为本"的职业教育思想。行动导向教学要求教师精心设计,通过案例教学法、角色扮演法、元规划法、项目教学法、任务驱动法等教学方法,指导学生完成学习任务。行动导向教学包括六个步骤。

当得到一个任务比如洗车时,步骤一是收集信息,信息可以由学生自己找,也可由老师提供,比如在哪里洗,用什么工具,怎么洗,怎么擦干;步骤二是制订计划,这要求学生独立做计划;步骤三是决策,教师要加入进去,表态是或不是,如何改进,为的是避免造成很大的损失;步骤四是执行计划,老师不用参与,在一旁观察即可,学生要以团队的形式独立完成这个任务;步骤五是检查,学生自己检查任务完成的情况;步骤六是评价,老师要加入进去,给予评价,并给出如何改进的建议。在整个过程中老师在其中参与两个环节:决策时和评价时。在这样的教学中老师的作用是陪伴,是建议者、组织者、协调者,在课堂流汗的是学生,而不是老师。在德国的职业资格的实践操作考试中,为了考察学生是否具有职业行为能力,也是通过完成一个任务或一个项目来进行的,需要七八个小时。

我国职业教育在相当长的一段时期内,没有脱离应试教育模式,强调以接受间接知识为目的的学科体系的教育,重视知识的灌输、存储、再现,强调知识的理论性、系统性、完整性。我们的职业教育开始出现下滑的趋势,毕业的学生不能立即上岗,转岗、辞职的学生越来越多。

职业教育则是以接受直接经验为目的,强调按照职业活动体系来组织教学,强调知识的实践性、需求性、应用性,强调知识和技能的建构、整合和应用的过程,并重视通过这一过程培养学生的能力。因此在进入 21 世纪以后,我国的职业教育进行改革,向德国的"双元制"职业教育学习,针对我国的实际情况进行本土化,开展新一轮的职业教系课程改革。采用"做中学""做中教""实践中教理论""理实一体"的教学观,解决学生"厌学"的问题,让学生"学有兴趣""学有乐趣""学有成效"。由企业专家、教育专家、专业教师组成的课改团队,按照职业活动体系,分析典型工作任务,并将之转化为课程,高职就是一个典型工作任务转化为一个学习领域的课程,北京中等职业教育课程改革是把每个典型职业活动转化为专业核心课程,在课程的具体实施中按照行动导向的教学进行,但是由于我们的学生在学校学习的时间多,不能一开始就接触真实的企业,作为教师与企业接触不及时,在技能上有待提高。老师布置的工作任务缺乏真实性,一个模拟的实践环境与一个真实的职业氛围相比,对学生职业行为能力的形成必然产生很大的影响,况且老师也一直是受应试教育成长起来的,对如何实施项目教学还不是很清楚,因此这几年北京市朝阳区投入大量资金,选派专业教师到德国进行深入学习,深入课堂学习德国的教学方法,回国后在课堂中进行应用,收到了较好的效果。

4.职业教师教育的不同

在德国,培养职教师资的目标是:教师、工程师、实际工作者三位融于一身。

培养的途径为:6岁入学,4年小学,5年中学,加3年"双元制"职业教育,3年技术员学校,1年社会服务(男性服兵役),5年大专大学,2年教师资格培训,成为职业教育教师时,已是29岁到30岁的人了。这也就是我们看到的德国职业教育教师年龄都偏大的原因。

德国职业教育师资培养要经过两个阶段:第一阶段是指大学师范教育阶段,通常为9~10个学期。在大学学习期间,学习一门职业教育主修专业(如机械技术、农业技术),并选修一门辅修专业(如数学、生物)。第一阶段结束,即大学毕业要参加职业教育师资的第一次国家考试。考试由大学教授提出建议,州教育部批准,笔试5个小时,口试1个小时。

第二阶段,大学毕业生通过第一次国家考试后,还不能马上到职业学校去任教,还要在州教育学院完成教师预备期。教师预备期2年,4个学期,进行教学法、教育学内容为主导的学习。这一阶段结束时,要参加第二次国家考试。考试的内容包括职业教育主修和辅修两个专业,考试形式包括实习教师上一堂课。通过考试,可以获得教师资格证书,有资格证书才能成为真正的教师。德国每年10月1日聘用新教师。

在州职业教育学院的教师预备期的学习时间安排:星期一,实习教师旁听指导教师讲课。星期二,实习教师在职业学校上课,指导教师旁听。星期三,职业教育学主课、职业教育学、学校法或开研讨会。星期四,职业教育主修专业教学法和方法论。星期五,职业教育辅修专业教学法和方法论。星期四和星期五,有的学院安排学生到职业学校,几个预备教师旁听一个预备教师讲课,然后大家评讲。指导教师是由实习学校中最优秀的老师担任的,一个指导老师最多指导2位实习教师,指导老师在指导实习教师时,可以减少3学时的工作量(德国职教教师每周要上25个学时的课,比我国多)。

当通过第二次考试,获得教师资格证书,就成为正式的教师,是国家公务员,终身制,收入比较高。初始可以得到3800欧元/月,扣税很少,以后每三年涨一次工资,到退休的时候能拿到5000欧元/月。

在德国成为职业教育师资还有第二个渠道。大学毕业生,有5年或以上工作经验。对这些大学生进行两年半的教师培训后,可以参加第二次国家的考试,取得职业教育教师资格。

德国非常重视教师的再培训。作为一个好的职业教育教师要不断充电,对新技术新产品的应用,需要培训;有的教师知识能力较差,需要培训;转到另外一个专业,需要培训;专项培训(如教学论方面的培训);等等。

在培训时间上,4%的教师工作时间是用来接受培训。职业教育教师一年有 5 个工作日接受培训的权利,这 5 天是国家规定的可以占用工作时间的培训时间。在受训时间内工资照发。

采用的措施有:培训中心的老师到各校、基层去调查,了解需要什么样的培训;培训中心也是教育咨询中心,可以告诉各位教师哪里有新的技术或如何解决教学中遇到的问题。

培训的种类有:第一,培训中心提供培训机会,教师在教学中会存在一定问题,而且这种问题自己不能解决,为此,培训中心提供培训机会,并且培训中心与相应企业、行业部门合作对教师共同进行培训。第二,教师提高的培训,教师应胜任新标准要求的专业知识和能力,将自己专业领域与其他学科进行新的结合,理解新的教学课程和学习新的教学法并进行试验。第三,转岗培训,为改变自己的工作专业内容而进行的培训。

比如在这次的学习中,Muhrer 教授重点介绍并演示了利用元规划法主持讨论的操作模式,老师们按照教授的要求实践了卡片收集意见法和卡片粘贴法。每个小组都有要完成的任务,第一组是"'双元制'职业教育的优缺点",第二组是"中国职业教育与德国职业教育的区别",第三组是"企业和职业学校的任务",老师们各抒己见,最后由组长代表本组做了总结发言,得到了教授的赞许。教授带我们参与、体验这种培训方法,使我们感受颇深,受益匪浅。

经过近年来的职业教育改革、国家示范性中等职业学校建设项目等几轮工作,加上各职业学校"走出去引进来"去国外考察学习,我国职业教育学校逐步明确了职教师资的培养目标——双师型教师。这种定位准确科学,但教师自身差距大、企业与职业结合度低等因素制约了我国职业教育师资水平的提升。

职教师资来源良莠不齐有待提高。我国职业教育教师来源有四种:第一,普通高等院校毕业生(专职教师);第二,由企业一线有实践经验的专业技术人员转行(专职教师和实习指导教师);第三,企业、行业的专家、能工巧匠(兼职教师、实习指导教师或客座专家);第四,职业学校的优秀毕业生,担任专业课教师或实习指导教师。这4种类型的教师在专业性和职业性上都有各自的"先天不足"。普通高等院校毕业生特点是"出校门入校门",理论知识有余,实践经验缺失,难以完成人才培养目标。半路出家的技术人员和企业、行业的专家、能工巧匠,在实践教学方面优势突出,但没有教师从业经验,因而缺乏理论转化能力。职业院校毕业生除不具备教育教学经验外,在科学文化素养方面又受到学历低的局限。德国职业教师都有两年以上的相关行业实践经历,这是我们无法相比的。

校企结合度低。企业与在职业教育发展中,校企合作是优势互补的发展模式,而充分调动企业积极性,发挥企业的实践基地作用,是办好职业教育的关键。企业是典型的经济利益驱动体,在校企合作中,收益不大使其参与职业教育的积极性不高,原因有二:一是教师来企业顶岗实践,要占用设备或场地,其具体操作水平不可预料还要有专人来指导,这会打乱其正常运营秩序、影响其生产或销售;二是产学研结合应该是资源优化组合的最佳模式,但因职业学校本身的科研能力不足,所以企业不愿与学校合作。

"十二五"期间,我国职业教育教师的培养、培训正在进一步完善,国家也投入大量的人力、物力给予支持,在全国建立了60多个职业教育教师培养培训基地,每年都选派职业教育教师到德国、英国学习。在政策上给予支持,鼓励行业、企业专家到学校做兼职教师,加强校本培训力度,鼓励专业教师到企业进行实践,提高实践操作能力,在时间和财力上都给予支持。加大对新教师的入职培训力度,从教学设计、实施、评价能力上进行系统的培训,对在职教师采用基于问题的培训,帮助教师解决在课程改革教学中存在的问题,进行新课程改革的教学理念、教学方法的培训。

这次培训让我更深入地了解德国职业教育,我要将此次培训作为我一个新的起点,结合自身的工作,深入研究德国职业师资培训的特点,并能结合我区职教的实际,洋为中用,开发满足教师需要的网络培训课程、精品课程,为建立一支相对稳定的"双师型"、专兼职相结合、一专多能的"三位一体"的职业教育师资队伍,做出自己的贡献,我将为之努力学习、努力工作。

第四章

求索进取，学无止境

　　我从 1887 年成为一名光荣的人民教师，至今看到自己的学生一批批事业有成，一个个为人父为人母，自己感到很快乐很欣慰。三十年来，从初入职场，放飞自己的职业理想；到深入教育教学实践，成为教学标兵、市级骨干，让优秀成为一种习惯；再到不断提升学历，使自己有腾飞的翅膀；然后因工作需要，心中的梦想舞台发生变化，转身成为培训教师……自己一直在不断探索、发展、进取，只为让职业教育"插上美丽的翅膀"。如果让我在教学实践的基础上总结一下，我想谈一谈我所认知的职业发展理论，说一说成长过程中的感悟，也为今天更加广阔的职业教育前景建言。

一、教师的职业生涯发展

　　作为教师，应该明确自己的职业生涯并在此过程中不断丰富、完善自己，才能够在时间的链条上找到自己的明确定位，保持发展的势头与可能。20 世纪 60 年代，对教师职业生涯的研究很少，到了 70 年代才逐渐增多。国内外的研究大致可分为四个类型：一是按照年龄或教龄划分的教师生涯周期论，以彼得森、赛克斯的年龄划分，恩瑞和特纳、纽曼和伯顿的教龄划分为代表；二是按照专业成熟划分的教师生涯阶段论，以富勒的关注水平阶段理论、高瑞克的教师生涯四阶段论、麦克唐纳的教师生涯四阶段论、冯克的教师生涯七阶段论、休伯曼的教师生涯五阶段论为代表；三是按照社会系统论划分的教师生涯循环论，以费斯勒为代表；四是自我更新的实现论，以斯蒂菲的六阶段论、国内白益民的"自我更新"五阶段论、申继亮的四阶段论为代表。

　　（一）教师生涯周期论（赵敏：《基于教师职业生涯周期理论的高校青年教师专业发展研究》，苏州大学硕士学位论文，2011 年，第 7 页）

　　彼得森按照年龄将教师生涯分为三个阶段：20 ～ 40 岁为职业发展期；40 ～ 55 岁为最理想的职业绩效期；55 岁到退休为职业维持期或终结期。赛克斯用生活史的方法将教师生涯分为五个阶段：21 ～ 28 岁的进入成人世界；30 岁的变迁;33~40岁的定位;40~50岁进入行政领导层;50~55岁的准备退休。恩瑞和特纳按照教龄将教师生涯分为三个阶段:教龄1~6年的初始教学期;教龄6~15年的建构安全期;教龄15年以上的成熟期。纽曼和伯顿以早期和中期有经验的教师为研究对象,将其划分为存活期(从教第1年)、调整期(第2~4年)、成熟期(5年以上)。存活期教师教学活动和环境方面的知识有限,他们关注学科教学却又没多少见解,缺乏信心而不愿意尝试新的方法;调整期教师学到了许多有关组织课堂、学生、课程和方法等方面的知识,开始注意到学生的复杂性,并学习新的技能以满足各方面的需要,对待孩子更加真诚和开放,感到更有能力满足学生需要,逐渐有了信心;成熟期教师感到能更好地控制教学活动和教学环境,以学生为中心,充满自信和安全感,乐于尝试新的教学方法,已经有了自己的专业见解,能够处理可能出现的各种问题。

1984年,结合对成人发展与人类生命发展阶段等研究的文献分析,费斯勒(Fessler)提出了整体、动态的教师生涯循环论,即教师职业周期理论。他把教师职业周期放在个人环境和组织环境中加以考察,发现教师所经历的职业周期是这两个环境因素相互作用的结果。他将教师的发展分为八个阶段。

第一阶段是职前教育阶段,指从进入师范学院或大学接受培养开始到初入新岗位时的再培训,该阶段是教师角色的储备阶段。第二阶段是职初期,指教师进入教师职业的前几年,新任教师努力寻求学生、同事、学校与教育行政人员的认同。第三阶段是能力建构期。在此阶段,教师对教育教学工作有了一定的认识,认识到了什么是工作的需要,因此努力地提高教学技巧和能力,也设法为自己能力的提高寻找机会。教师积极地参加培训和各种交流会,积极地接受各种新的教育观念,在此阶段,教师的教学技能与观念等日趋成熟。第四阶段是热情与成长期,专业发展也处于较高水平,但是教师仍然坚持追求专业的更大发展,不断寻求进步。第五阶段是职业挫折期。在此阶段,高涨的发展热情逐渐冷却下来,教师缺乏进步和激情,职业满意度开始下降,体验到挫折和倦怠。此阶段多数发生在职业生涯的中期。第六阶段是职业稳定期。在此阶段,教师已经失去了进步的要求,工作囿于本分,只满足于完成任务,缺乏进取心和高质量的要求。第七阶段是职业消退期。在此阶段,教师带着各种不同的心情品味着即将离职的感受，因此，此阶段展示的是离职前教师们的状态。第八阶段是职业离岗期，是教师离开工作岗位及离开后的阶段，既包括退休教师的离开，也包括因各种原因的被迫或自愿地中止工作。

我国学者自20世纪90年代开始关注职业生涯发展周期，并进行了"本土化"的探讨，对于教师职业生涯阶段的划分出现了三阶段论、四阶段论、七阶段论等观点。"三阶段论"认为教师在其职业成长过程中要经历三个基本阶段：①角色适应阶段；②主发展阶段；③最佳创造阶段。周文霞提出教师职业生涯发展可以分为四个阶段：①职业探索阶段（参加工作至25岁左右）；②职业建立阶段（25～35左右）；③职业中期阶段；④职业后期阶段。贾荣固的"七阶段论"：①职前准备期；②上岗适应期；③快速成长期；④高原发展期；⑤平稳发展期；⑥缓慢退缩期；⑦平静退休期。

（二）教师生涯阶段论（朱旭东主编：《教师专业发展理论研究》，北京师范大学出版社，2011年，第299～303页）

富勒的关注水平四阶段论。①教学前关注：学生只是想象中的教师，仅关注自己；②关注生存：主要关注自我胜任能力及作为一个教师如何生存下来，关注课堂控制、是否被学生喜欢和他人对自己教学的评价；③关注教学情境：关注教学情境对教学方法和材料的限制，如何掌握相应的教学技能；④关注学生：关注他们的学习、社会和情感需要以及如何通过教学更好地影响他们的成绩和表现。

麦克唐纳的四阶段论：①过渡阶段，效能感低下，了解学生，学习管理和组织的基本知识；②探索阶段，在运用教学基本技能方面有效能感，能有效管理教学；③创新和试验阶段，教师创造和尝试新的教学策略和技巧，寻求发展机会，形成批判性能力；④专业教学阶段，具有解决问题的能力，能帮助其他教师也富有创造性。

休伯曼的五阶段论。①入职期（1～3年）：求生和发现期；②稳定期（4～6年）：决定投身教学工作，初步掌握教学法，由关注自己转向关注教学活动，不断改进教学基本技能，形成自己的教学风格，表现出自信、愉悦和幽默；③试验和歧变期（7～25年）：教师发展路线表现出差异性，其原因在于随着教育知识的积累和巩固,教师试图增加对课堂的影响,在教学材料、评价方法等方面开展不同的个性化的试验,教师改革的愿望强化了对阻碍改革因素的认识,激发了进一步改革的尝试,教师职业动机强烈,职业志向水平高,对课堂的职能有了初步了解后,教师开始探寻新的思想和挑战;④重新估价期(7~25 年):经过试验和歧变阶段,教师重新估价;⑤平静和关系疏远期(26~33 年):主要是 40~50 岁教师的一种心理状态,对专业投入减少,与学生关系更加疏远,对学生行为和作业要求更加严格;⑥保守和抱怨期(26~33 年):大约 50~60 岁,经历了平静后比较保守,多抱怨,缺少动机;⑦退休期(34~40 年)。

(三)教师生涯循环论(蒋玉梅:《大学英语女教师的职业生涯发展研究》,南京大学博士学位论文,2011 年,第 37 页)

费斯勒运用社会系统论,将教师生涯发展分为八个阶段:职前期、职初期、能力建构期、热情与成长期、职业挫折期、职业稳定期、职业消退期、职业离岗期,并对各个阶段的影响因素及成长需求、激励措施进行了细致讨论,详见表 1。

表 1　费斯勒教师生涯八阶段的各个阶段的影响因素、成长需求及激励措施

阶段——职前期	
个人环境影响	在初始准备阶段,家庭可能提供的心理上或经济上的支持,回校进修要负担的家庭和经济责任
组织环境影响	高等教育机构是初始培训期的主要影响组织; 教学实践开始时,基础教育学校有一定的影响力; 回校进修学生可能在经济上或心理上得到组织的鼓励
成长需求	学习和应用新理论,尝试新的实践机会; 与资深教师一起探究新知识的机会; 有时间反思实践和获得反馈

阶段——职前期	
激励措施	经济资助； 良好的工作前景； 较高的工资收入； 对社会做出有价值的贡献的认识
支持体系	朋友、家庭、教授、基础教育学校的专业人员、专业组织
阶段——职初期	
个人环境影响	为适应新的社区对自己做第一次调整，结交新朋友； 生活围绕着学校或与学校有关的活动； 对重返校园的成年学生，家庭支持是很重要的
组织环境影响	学校规章制度要解释清楚； 现实期望和工作安排； 校长的支持
成长需求	学习"实践语言"； 在某些具体问题上需要个别化的帮助； 形成实践理念和讨论这些理念的网络； 安全需求、贷款减免、养老保险和工作保障
激励措施	积极的反馈，校内外学习的机会
支持体系	满足 22~42 岁新教师需求的个别化计划
阶段——能力建构期	
个人环境影响	婚姻或组建家庭会给这阶段教师带来冲击； 家庭支持相当重要； 适应班级"现实"可能导致困惑

续表

阶段——能力建构期	
组织环境影响	公众期望以及地方和全国对教师的支持是很重要的； 人事政策、长期聘用决定、教学视导人员的支持很重要
成长需求	与资深教师在课程单元中或新的教学策略上合作； 工作间接经验、实践经验
激励措施	良好的工作环境——提供材料和供给； 观摩课堂教学的机会； 参与工作坊和完成学程作业
支持体系	参加额外课程活动以获得额外收入
阶段——热情与成长期	
个人环境影响	基本稳定的个人环境； 支持性的家庭结构； 丰富的个人阅历； 与工作相符的生活目标
组织环境影响	尽力调整那些干扰教学的影响； 专业组织提供学习和领导机会； 需要与教学视导人员建立合作、信任关系
成长需求	基本上是自己选定成长需求； 学校或学区领导角色的选择是重要的契机
激励措施	获得进修、带薪休假的机会； 主任级教师、带教教师或团队领导的身份； 来自学校、学生、家长等的赞扬； 灵活的工作时间

续表

阶段——热情与成长期	
支持体系	合作与领导的机会； 专业会议提供信息； 研究和阅读的时间； 鼓励和增加自主权

阶段——职业挫折期	
个人环境 影响	有许多安全需要和特殊的家庭要求； 和孩子、配偶、老人有关的危机经常是产生压力的原因
组织环境 影响	越来越多的规章和挫折增加了挫折感； 需要教学视导人员的支持； 需要社区的支持； 需要创新或自主的机会
成长需求	改进教学技能； 提供更宽松的时间安排，探索新的职业发展路径； 出任领导职位的新机会
激励措施	来自教学视导人员和学生的积极反馈； 改善各种工作条件； 参与决策
支持体系	教学视导人员的支持； 有时需要咨询帮助

续表

阶段——职业稳定期	
个人环境影响	越来越多的家庭要求会使教师减少用于工作的时间； 进入中年期,教师对如何度过今后时间的思考,导致他们重新评价工作要求； 家庭危机会使工作投入减少
组织环境影响	社会对教师的批评会使教师认为"从事教学真不幸"； 可能会出现家长的冷漠或不信任； 经常有教学视导人员和同行的负面评价
成长需求	鼓励开展试验,改善工作条件； 协商式管理的风格； 征询教师的意见； 提供与其他教师进行交流的宽松时间； 带薪休假
激励措施	学生和家长的赞扬； 电话、办公空间和秘书服务； 增加援助和提供更多出任领导的机会
支持体系	通过同行指导和开展新教学策略试验等方式提供同行支持； 以教师为团队专家的合作教学
阶段——职业消退期	
个人环境影响	家庭和朋友是关键； 健康问题和经济状况会影响这个阶段的教师； 业余爱好和户外活动变得越来越重要

续表

阶段——职业消退期	
组织环境影响	由于教师正处于专业退出过程,严格的规章、规则和领导的管理风格会影响其决定; 即将退休的教师可以为专业组织和社区团体提供支持或担任领导
成长需求	提供机会让资深教师分享专门知识; 担任同行指导、带教教师、课程编制、实习教师和教学视导
激励措施	愉快的工作环境; 职业成就的认可; 优厚的退休金和养老保险; 学生的赞扬; 参与学校决策或教师聘任; 有宽松的时间参与专业活动
支持体系	学区举办的有关财政规划和工作转换的工作坊; 分享专门知识的领导机会; 参与专业组织工作和本地大学在教师培训计划中的合作
阶段——职业离岗期	
个人环境影响	生命阶段会引起一个人考虑如何度过余生的问题; 个人挑战的需求变化会引起职业选择的改变; 家庭危机可能导致提前退休; 经济需求会导致提前离岗,另谋高薪职位
组织环境影响	促进提前退休的法律会使退休日期提前; 人员缩减政策会使一些教师违背个人意愿,被迫离开教学事业; 不能请假或没有带薪休假会使一些教师离开教育系统

续表

阶段——职业离岗期	
成长需求	提供假期让他们探索另外的职业选择； 担任学区和学校领导； 继续分享退休教师的专门知识
激励措施	退休后的安全保障和养老金； 做出灵活安排,以满足出现危机的退休教师家庭的要求； 在社区和教育系统中担任领导的机会
支持体系	给因人员缩减而离岗的教师提供就业援助； 举办有关退休、保险、福利等方面的研讨会； 组织退休教师联合会或支持性团体； 让退休教师在专业组织中发挥余热

（四）自我更新的实现论（朱旭东主编：《教师专业发展理论研究》,北京师范大学出版社,2011 年,第 314～317 页）

斯特菲的教师阶段发展论。①预备职业生涯阶段:理想主义,有活力,有创意,接纳新观念,积极进取,努力向上;②专家职业生涯阶段:具有较高水平的教学能力与技巧,能够有效管理班级,对学生有高期望,在工作中能激发自我潜能,达到自我实现;③退缩职业生涯阶段:初始退缩时,教师在学校表现不好不坏,漠视教学革新,绩效平平,教师一般沉默寡言,消极行事;持续退缩时,教师有倦怠感,经常批评学校和家长,抗拒改革,独来独往,行为极端;深入退缩时,在教学上表现出无力感,有时伤及学生,但自己却认识不到这些缺点;④更新职业生涯阶段:以积极的措施应对厌烦表现的征兆,学习新知识,并致力于专业成长;⑤退出职业生涯阶段:离开教师岗位,有的教师安度晚年,有的则继续追求专业成长。

白益民的"自我更新"五阶段论（叶澜等著：《教师角色与教师发展新探》,教育科学出版社,2001 年,第 266 页）:①非关注,这一阶段所讨论的主体并非专业发展者,而是专业发展者的前身,有从教意向或从教潜在可能的人员,有研究者从职业社会化的角度将其视为"观察的学徒期";②虚拟关注,这一阶段的主体是师范生,学生的角色或"准教师",虚拟的教学关注;③生存关注,新入职教师,从学生向教师身份的转换,理论与实践的磨合期;④任务关注,胜任期之后的教师开始关注教学任务本身;⑤自我更新,教师专业发展的动力转向自身,不再受外部评价或职业升迁牵制,教师有意识地自我规划,谋求自我发展。

申继亮的四阶段论:①学徒或熟悉教学阶段(3~5年),熟悉教学,适应环境,积累经验;②成长或个体经验积累阶段(5~7年),独立、熟练从事教学,形成自己的教学风格,创造出自己的特色;③反思和理论认识期,具有丰富经验,深刻领会理论,学习新知识、新技术;④学者期,较强的教学监控能力和反思能力。

不同的学者依据不同的标准揭示了教师在历经职前、入职、在职以及离职的整个职业生涯发展过程中所呈现的阶段性发展规律,由此产生了异彩纷呈的教师专业发展阶段理论。这些理论从不同的层面、维度揭示了教师在不同的发展阶段具有不同的专业发展特点、专业发展需求、专业发展规律,为教师专业发展提供了科学依据。

二、影响专业发展的因素

每个教师之所以会形成具有自我特色的专业发展阶段,是因为在不同的阶段受到相关因素的影响,众多相关因素聚合在一起,便塑造成了教师自身独特的发展阶段。梳理、认识这些影响因素,不仅有助于教师个体专业发展的自我更新与自我实现,更有助于教师教育的有效开展。Glatthorn 的研究表明,影响教师成长的因素主要有三个方面:个人因素、情境因素和系统过程。个人因素涉及教师自身的职业素养与能力等方面,包括教师的自我评价、人际关系、认知能力、职业发展动机和水平等,其中认知能力是关键因素;情境因素即教师学习或工作的环境,分为五个层面,包括社会与社区、学校体制、学校氛围、教学小组或部门、课堂;系统过程即有目的地影响教师成长的特定方法和手段。这三个方面的因素可以归结为:外在因素和内在因素。外在因素和内在因素共同作用于教师个体,对教师专业发展产生影响。其中,外在因素主要是关键人物和关键事件,内在因素主要是教师个体能动性。

（一）关键人物和关键事件

每个教师都是在一定的社会环境和学校环境中"成为"教师的,每个教师在专业成长的道路上总会受到特定人物和关键事件的影响。优秀教师之所以"优秀",是因为他们能够基于自我经验,充分转化、整合关键人物和关键事件的影响,使这些影响成为专业成长的发展动力。关键人物和关键事件在教师专业成长的特定阶段发挥了关键性的作用,成为教师专业成长的"拐点"。

关键人物和关键事件在每个教师成长的背后发挥着重要作用,如果没有这些鲜活的生命因素,优秀教师也不可能成长为今天丰富、饱满的教育者。对于教师,正是这些关键人物和关键事件,使得他们的自我经验不断扩展、深化、整合,从而在知识、观念、行为等方面得以更新,做出符合教师职业形象的内心选择,形成自己独特的专业结构。所以,关键人物和关键事件的重要性并不取决于其本身,而是在于由其所引发的自我澄清过程、个人思维清晰化的过程,也就是包括教师个人教育观念在内的教师专业结构的解构与重构（叶澜等著:《教师角色与教师发展新探》,教育科学出版社,2001年,第313页）。

1987年我进入北京市新源里职业高中,开始了教师的工作,一干就是三十年,这三十年中我得到了很多领导和教师的指导、帮助,才使我从一个年轻的新教师成长为一名负责全区职高教师专业成长的培训教师。

1. 初当专业课教师——校领导和老教师的支持和指导

初当专业教师,自己一无所知,不知如何写教案,如何上理论课和操作技能课。校领导给我很大的支持,让我外出学习、到酒店实习、请老教师作为我的师傅。我的师傅对我非常好,手把手教我如何写教案,包括教学目标的制定、重难点的确立、教学方法的选择、五大教学环节等方面内容,让我学会撰写一份规范的教案;在提升课堂实施能力方面,采用模仿的方式,师傅让我先听她讲一节,然后我再讲一节同样的内容,这样的方式,效果很好,我能顺利完成45分钟的课堂教学,而且还井然有序,虽然在课堂组织能力和把控课堂方面不如师傅,但能自信、有序地讲完教学内容,学生能在我的示范讲解下,分组进行技能训练。

在这个阶段,我从师傅身上看到、学到很多,最重要的有三点:第一是作为专业课教师,专业技能操作一定要娴熟、要规范,只有这样才能让学生信服、让学生敬佩,才能激发学生对专业学习的兴趣;第二是要有丰富的专业知识,了解行业发展动态,要能用鲜活的工作案例,诠释专业理论,帮助学生认识到专业知识学习的重要性;第三要为人师表,要求学生做到的,自己首先要做到,要处处给学生起到榜样作用,要时刻从酒店的需求出发要求学生,让学生记住,进校如进店、进班如进岗。

2. 青年教师成长为市优秀教师——区教研员的指导

在师傅的指导下,我很快适应了教师岗位,自己的教学能力逐渐提升。同时我积极参加区酒店专业的教研活动,在活动中认识了酒店专业的同行,在参加听评课活动中自己找到差距,看到同行的优势和特点,同时在教研员的指导下,获得了第一次上区级研究课的机会。为了准备好这堂课,教研员帮我修改教案,对书本的教学内容进行整合和调整,琢磨技能的要领,帮我归纳,并用顺口溜的方式呈现,便于学生理解和掌握,这部分也成为本次研究课的亮点和创新之处。

有了第一次研究课的经历,自己对如何备课,如何开展教学活动有了更深刻的认识:教学目标一定要依据学生情况制定,重难点要找准,教学活动要紧紧围绕教学目标进行,要突出重点,要通过各种方法突破学生学习的难点,在备课的过程中要始终想着如何让学生学,怎样学才最好最有效。掌握了这样的规律后,在参加北京市朝阳区百名优秀课比赛时,我获得了百名优秀课评比一等奖的好成绩。

有了区评优课获奖的经历,自己对教学更有自信,更敢于尝试新的展示平台,有幸得到市教科所领导的认可,给了我一次在北京市做研究课的机会,全市30名老师听我的课,听课人数与学生人数相当。我顶住压力,把压力变成动力,创设了一个虚拟仿真的学习情境,充分利用多媒体——实物投影、视频和课件等手段,通过角色扮演体验服务规范顺利完成教学,最后,这节课的听课教师给予了我高度评价。通过这次的锻炼,我在教学能力上有了很大的提高。

经过一次次的锻炼,我慢慢形成了自己的教学风格,比如双语教学、情境教学等,在市区级有了一定的影响力。在 2006 年北京市举行的中职专业课教学比赛中,从初赛说课第一,到复赛上课,最后上交课堂实录光盘,最终我上的课成为北京市市级示范课。

3. 专业教师成长为培训者——分院领导和同人的鼓励、支持与帮助

我觉得自己是幸运的,一路走来都有领导的支持和同人的帮助,在自己的努力下,有机会来到朝阳分院,承担朝阳区职业高中教师培训工作。在此之前,没有专任教师做这项工作。对我来说,工作要从头开始,感觉挑战大、压力大,在院领导的支持、鼓励和信任下,自己找到工作的切入点,即从专业教师的教学能力和企业实践能力出发,设计研发课程,分层、分专业开展培训;而在自己刚到分院的时候,分院的老师正在根据《朝阳区教师教学基本能力检核标准》编写学科教学能力的培训教材,分院同人耐心告诉我培训教材编写的思路和体例,把相关的书稿分享给我学习,这些都对我有很大的帮助,给我很多的启发,为我后面制定专业课教师教学能力标准、编写培训教材奠定了坚实的基础。

（二）个体能动性

关键人物和关键事件最终还是要通过个体的内化、转化、整合等,才能沉淀成为个体的内在素质。因此,教师个体的能动性十分重要。教师生涯发展理论中有一种类型是关注教师个体能动性,认为教师发展是由自身改善需求所引导或驱使的,教学生涯发展水平是由个人性格、学校背景、支持体系和充分的准备决定的,个人的学习能力、学术工作和成长的动力影响其教学的水平。虽然环境是成长或退缩的强有力的影响因素,但教师的反思在其中更起着重要作用。斯蒂菲结合梅齐罗的转化学习理论,认为教师通过批判反思实践、重新定义假设和信念并强化自我价值,就会促进教师生涯的正向发展。① 可见,教师个体的学习、反思、实践等都是能动性的重要体现,正是这些因素推动着教师的专业发展。

虽然环境等诸多外在因素为每个人的成长提供了机遇和可能,但这些外在因素和可能只有通过个体的能动性才能转化为现实。每个人的成长都是"成

---

① 朱旭东主编:《教师专业发展理论研究》,北京师范大学出版社,2011 年,第 287 页。

为"自己的过程,生活的意义就在于此,它不在生命之外,只在生命本身。上述优秀教师的成长案例,很好地说明了这一点。"成为"自己,才能成为有个性的教师,才能使得生命经验得以扩展,才能使得生命影响生命。

1. 积极进取,提升自我

作为专业教师,我不断进取,提升自己的学历水平,在工作之余,通过三年的学习,取得了本科学历。在40岁的时候,我参加全国研究生统一考试,顺利考入北京理工大学研究生班,利用双休日和平时下班后的时间,到北京理工大学上课,聆听教授的讲座,学习用学术的语言和视角撰写文献综述,在教授的指导下完成自己的硕士论文,经过三年的半脱产学习,最终取得了教育技术学硕士学位。

积极参加在职的各种培训,无论是区级还是市级或外省市的外出学习,我都认真记录,努力思考,虚心学习,并敢于把学到的内容,运用到自己的教育教学中。比如自己在德国学习的一个月时间里,通过聆听德国教师的讲座,感受到什么是小组合作学习,感受到什么是项目式教学,唤醒了我改变课堂教学的意识,于是回国后,我把从德国学到的内容与我国的情况进行对接,进行本土化。在我的课堂上,学生都是以小组合作的方式上课,每次上课都通过完成一个工作任务来学习专业知识和技能,这样一直到学生毕业,大概有一年的时间,教学效果非常好,学生的积极性高,表达能力和团队合作能力都有很大的提高。尤其是在我调入分院之前的最后一次区级公开课,我突破自己,在面对40名教师听课的环境下,我没有进行试讲,而是以原生态的课呈现给同人,展示自己一年的教学改革成果,我的学生经过一年的锻炼,在这样的氛围下,学生自信、规范、完美地展示自我,教学效果得到听课教师的一致好评。

我们服务专业的学生,每到高二毕业之前,要参加考证,考取劳动部颁发的餐厅服务员中级证书。按规定,职业学校的学生需要先拿到初级证书,再考取中级证书。由于我们的教学质量好,学生素质高,劳动部同意让我们一次性考取中级证书,我给自己订的目标是一个都不能掉队,即100%都通过考证。拿到中级证书,对于我们职高的学生确实有些难度,中级证书分理论和实操两部分,有个别学生在协调性、动手能力上不行,有些学生在智力上存在问题,这给考证造成了很大的困难。我在休息日加班,按照操作水平给学生排好练习的时间段,操作熟练的在一组,时间安排在前面,操作较慢的分在一组,时间安排在后面,这样,到最后就能有充足的时间逐一辅导,休息日就这样从早到晚一直陪学生练习。对动作慢的学生,我坚信熟能生巧,我鼓励他们,帮助他们树立自信心,分步骤练习,把每个步骤需要的时间估计好,一遍一遍地练习,陪着他们,直到达到要求为止。凭借这样的付出,我所教的学生,都顺利地取得了中级服务员证书。

2. 刻苦练习,业精于勤

专业课教师要成为双师型教师,不仅要会教书,还要在技能上像技师那样,动作规范、娴熟。作为酒店专业课教师,要对前台、餐饮、客服等各方面专业技能有所掌握。前台要能用英文为客人快速准确地办理入住登记;餐饮要掌握六大基本技能(托盘、餐巾折花、斟酒、摆台、上菜、分菜);客房服务要能在 3 分钟之内铺好一张床,要能在 20 分钟之内,把客房打扫得一尘不染,这些技能都需要我利用业余时间认真练习。

前台,到大饭店实践,跟外国人交流,学会用英文为客人办理入住手续。先虚心学习前台的入住登记系统,把握每一个环节,再亲身实践,认真总结。我自己设计的前厅入住登记程序的教学内容,在经过全市的初赛——教学设计比赛、复赛——教学实录光盘、决赛——现场听课评比之后,经过专业的讨论,我的课被评为北京市教学示范课。

餐饮的六大基本技能:托盘、餐巾折花、斟酒、摆台、上菜、分菜。托盘——为了给学生示范,我自己课下多次练习;托 4 个装满水的啤酒瓶,行走练习,托盘内装 6 个易拉罐,左手托盘,右手为客人倒饮料。这需要托得稳,手有劲,掌握方法,用五个手指的指肚和掌底接触托盘底部,左手托于胸前,自信自然地行走,同时还能用右手为客人斟倒饮料。

斟酒——为客人倒红葡萄酒、白酒和啤酒都要做到 8 分满,要按照规范的操作要领——瓶口距杯口 2 厘米的距离,酒瓶商标朝向客人,酒水倒入酒杯 8 分满,要做到不滴不洒、不少不溢,这些看似简单的动作,做到一个还是比较容易的,难的是 10 人一桌的餐台,每杯都要一样,这就有相当的难度,尤其是啤酒,要8分酒2分泡沫。为了掌握这项技能,我自己买酒,课下练习,同时研究怎样让酒不洒,对于满瓶酒、半瓶酒来说不洒的技巧和要领在哪里。我发现与酒瓶的倾斜度有关,刚打开的酒瓶,酒多,倾斜度要略大些,但不能让酒堵住瓶口,否则就会产生内外压差,出现咕咚咕咚的声音,流速不稳,酒就会洒。经过自己反复地练习和琢磨,在北京市朝阳区第一届百名教师评优课活动中,我的教学内容——斟酒的要领获得一等奖,当天有10多名评委听课,我成功地为学生进行了斟倒红葡萄酒、斟倒啤酒的示范,为讲课的成功奠定了基础。

餐巾折花——九种基本技法反复练习折叠,研究其中的要领,提炼关键词让学生记住,录制视频让学生看清楚技法的操作步骤和规范的手法。技法掌握之后,就要熟能生巧、形象逼真,我要求学生在8分钟之内折出10种不同种类的餐巾花,为了给学生做出榜样,我要求自己8分钟之内折出10种不同形状的鸟。每当孩子入睡后,忙完家务,我就开始拿出口布,一遍一遍地练习,每一个都要折叠无数次,最后才达到要求,鸟折叠得形象逼真,为后来带学生参加全区、全市的技能大赛,为自己参加北京市技能赛获得一等奖的好成绩奠定了基础。

中餐宴会摆台是技能的综合体现,是把用托盘摆餐巾、餐巾折花、斟酒等多种技能综合在一起,能整体体现学生的技能水平。需要教师有很熟练的技能,在20分钟之内完成摆台,而且符合餐具摆放标准,餐台摆放美观大方,而这些来不得半点儿马虎。我自己利用放学后的时间练习,利用节假日,去酒店参观和体验,同时还请来毕业生,让他们做示范,谈体会,使所教、所练的内容能符合酒店的需要。

客房服务的一个重要内容是为客人打扫房间,打扫中最重要的一项服务技能是铺床,也是行业技能比赛、学生技能比赛必赛的基本技能。这项技能首先是规范,然后是熟练。为了掌握规范的动作,我到5星级酒店学习,请获得大赛一等奖的服务员做现场示范,并录制视频,回来自己认真看,学习研究,反复练习,让自己掌握规范的铺床技能,然后就多练习,使自己能达到4分钟之内铺完一张床的标准。

3. 服务意识,重在培养

酒店专业要求学生具有服务意识,服务意识的内涵是:它是发自服务人员内心的;它是服务人员的一种本能和习惯;它是可以通过培养、教育训练形成的。为了培养学生的服务意识,我自己要首先具有服务意识。

①理解服务意识的意义:具有服务意识的人,能够把自己利益的实现建立在服务别人的基础之上,能够把利己和利他行为有机协调起来,常常表现出"以别人为中心"的倾向。因为我们知道,只有首先以别人为中心,服务别人,才能体现出自己存在的价值,才能得到别人对自己的服务的赞赏。服务意识也是以别人为中心的意识。拥有服务意识的人,常常会站在别人的立场上,急别人之所急,想别人之所想;为了让别人满意,不惜自我谦让、妥协甚至奉献、牺牲。

②在带学生到酒店实习中注重收集与服务意识相关的案例,在自己作为客人到酒店就餐和住宿的过程中,体验什么是服务意识。比如,用我们的规范的服务(报菜名、介绍口味和典故)体现菜品的价值;上菜口,要选择在身份一般的客人旁,同时要告知客人,每次上菜要提醒客人;外国人吃中餐的时候,适当摆放刀叉;在客房的床头柜放一张酒店欢迎卡;为酒店客人送上生日蛋糕等。

4. 外塑气质,为人师表

作为教师要为人师表,处处给学生起到榜样作用,自己的言谈举止处处体现对学生的尊重,职高的学生更需要我们教师对他们的尊重。尊重要发自内心,不仅在于语言的表达,还需要我们的举止、细微的动作都能让学生感受到教师对学生发自内心的尊重。比如:①站姿,姿态挺拔,给学生积极向上的感觉,学生看到我的姿态,会受到影响,慢慢地也养成自信、挺拔的站姿习惯;②在课堂请学生回答问题时,我注意使用规范的手势,五指并拢、掌心向上,体现教师对学生的尊重;③递给学生作业时,我用双手递给学生,学生看到也会用双手接;④每次上课,师生问好后,我都真诚地给学生行一个30°的鞠躬礼;⑤开家长会,会议结束前,为了感谢家长的支持、理解,我对全体家长行45°的鞠躬礼,这个举止得到家长的充分理解,让他们看到了我的真诚,为后面的班级工作顺利开展,得到家长的支持奠定了基础。

5. 充满活力,寓教于乐

我们职高的学生基础差,学习能力弱,自制力和刻苦精神不足,遇到困难就退缩,因此需要教师充满活力,来激发学生的学习兴趣,提高学生的学习效率,在我的课堂,我以玩的心态开展教学,这堂课玩什么,如何玩,学生玩的效果怎样,让学生在动手操作的过程中体验到成功的快乐,在团队学习过程中感受到合作的快乐。教师富有激情,充满活力,在做中教,在做中学,给学生营造一种安全的学习氛围,使学生更加热爱自己的专业。

6. 职业素质,重在养成

对于服务专业的学生,我一直认为,培养他们的职业素养和职业习惯,是当好服务员的基础和前提。服务技能不难学,难的是我们的精气神,我们的工匠精神,是需要在学校两年的专业课教学中重点培养的。专业课都是两节课连堂上,我首先通过看国内外 5 星级酒店服务员的图片、看服务员的最高荣誉金钥匙的视频和图片,感受什么是最好的,感受到做一名优秀服务员的光荣,告诉学生站姿是服务员的基本功,让学生从思想上认识到挺拔、自信的站姿的重要性。然后我就训练学生,时间从开始的 30 分钟一休息,到 60 分钟,再到 70 分钟,最后到 90 分钟,方法有贴墙站、背靠背站、腿上夹纸站等,循序渐进地练习,经过不断的努力,学生习惯站着上 90 分钟的专业课,而且都很有精神,每次听课的教师、参观的领导,都会夸我的学生很有职业素质,能看得出来老师平时对学生的严格要求。所谓习惯成自然,养成了良好站姿的习惯,学生在学习技能,如托盘行走、摆台操作时,都很有精神,操作起来也很有方法。

7. 注重团建,教学相长

我所在的饭店服务与管理专业教研组被评为区级创优团队,我们团队 6 名成员,大家一起去企业调研,互相听课评课,积极研究教学,召开优秀毕业生座谈会,成立旗鼓行进队、调酒课外小组,承办区级技能大赛,努力把我们这支团队建设得有特色、有创新、有成绩。作为团队带头人的我,努力提高自己的工作协调能力和领导水平,舍小我求大我,把我个人的行为转化为团队的集体行为,努力营造良好、融洽、和谐的团队氛围,形成互帮互学互助、奋发向上的风气,推动团队建设健康发展。在团队的共同努力下,我们团队被评为区级先进教研组、朝阳区"三八"红旗集体。

三、促进专业发展的建议

国务院颁发了《关于加快发展现代职业教育的决定》,提出加快现代职业教育体系建设,深化产教融合、校企合作,培养数以亿计的高素质劳动者和技术技能人才。实现这一目标的关键要素是拥有一支能够体现职业教育本质特色的教师队伍。他们不仅承担了教书育人等学校教育的一般性职能,同时又掌握了丰富的实践技能和前沿性的行业信息,能够与行业、企业进行技术创新、产品研发、科技攻关、课题研究、成果转让等一系列面向市场、面向产业、面向行业的活动。因此,有效促进双师型教师专业发展、提高教师的专业水平,是全面提高职业教育办学水平的关键,也是发展现代职业教育体系、深化产教融合的重要内容。双师型教师的培养主要面临以下问题。

(1)双师型师资队伍建设滞后

校企合作需要校企双方共同建设一支具有双师素质的高水平师资队伍,很多转型发展的职业学校已经意识到这个问题,采取多种措施开展双师型队伍建设,但就现状来看不容乐观。师资以理论教学为主,无法适应试验、实践等技能型人才的培养工作,更谈不上和行业、企业联合进行科技研发等应用型科学研究,服务地方社会经济的能力有限。师资队伍的薄弱严重制约了产教融合的深度和广度,影响了技能型人才培养的质量。

(2)教师知识能力结构欠合理

长期以来,许多职业学校教师专注于书本知识,缺少企业实践经验,只会教学,不会生产,教师教的知识与技能在学生工作中用处不大,尤其表现在,教师专业工作经验和专业实践能力不匹配。部分教师专业实践能力不足、教学能力不足,存在教学设计和生产实践脱节、任务要求与实际工作任务要求有差距、对职业教育教学理念理解贯彻不够深入、驾驭课堂教学的能力不足、与改革课堂要求有差距等状况,这种状况难以达到职业教育的培养目标,无法满足社会发展的要求。如何使教师在未来产教融合的背景下,同时具备生产与教学的知识与能力,变知识本位为能力本位,是职业教育亟待解决的问题。

(3)教师培养形式和手段滞后

目前职业学校教师在培养形式上,主要有派出培养、职业资格考试培养、兄弟院校学习、继续教育学习等。从培养效果上说,此类培养占用了职业学校教师大量的学习时间和资源,但教师普遍反映收效甚微,原因在于培训的内容陈旧、培训周期长、可选择性差，不能根据教师实际教学需要有针对性地开展培训。而教师期望的下企业实践，由于受到时间、场地、工作性质等多方面因素的影响，往往达不到教师预期的效果。此外，随着大数据和"互联网＋"时代的到来，信息化技术在教师培训中的使用也越来越受到教师的青睐，需要有效利用企业和学校的信息化资源，借助信息技术，在产教融合背景下，探索职业教育双师型教师培养的新路径。

（一）完善一体化的职业教育教师教育体系

教师教育一体化理论的形成与实践，缘于终身教育思想与教师职业发展理论。终身教育思想的产生直接影响了教师教育的发展，教师教育仅限于职前教育的观念受到了普遍批评，许多国家认识到了师范院校不可能在有限的四五年或更短的时间内把一个教师一生所需要的知识、方法和技能都教给师范生，而只能是为师范生将来的工作和接受继续教育奠定基础。许多国家认识到，教师教育应该是涵盖了职前、职后教育在内的一体化教育，单靠职前的一次性终结性的师范教育是不够的。各国逐渐出现把教师职前教育和在职教育统一起来的趋势。

教师职业发展理论认为，教师的职业发展是一个终身过程，"一朝受教，终身受用"的时代已经过去。世界教育界都认识到，教师职前培养的功效是有限的，只是教师专业发展的起步。在科学技术、社会经济发展越来越快的形势下，这种特征也越来越明显。教师的专业发展贯穿于职前培养与职后培训的全过程，一体化是教师专业发展的必然要求。通过一体化，将职前培养和在职培训整合为完全意义上的终身教育，为教师不断提高专业素质，促进其专业发展提供了制度条件与物质条件。这是一个具有前瞻性的教师教育体系，是当今世界教师教育发展的基本方向。

职业教育教师教育是以完整的、规范的职业教育教师教育体系为前提的，把握职业教育教师教育的整体性，就是力求打破原来职业技术教师职前培养与职后培训在管理体制上条块分割、在运行机制上相互分离甚至倒挂的现象，力求使职业教育教师培养与培训能够有机结合，相互统一，相互促进。我国职业教育教师教育一体化改革，是针对我国现有师范教育中职前职后隔离，机制机构各自为政,教育内容重叠交叉,资源配置不合理等问题,依据终身教育思想、教师专业发展理论,试图对教师职前、入职和在职教育进行全程的规划设计,以构建教师教育各个阶段相互衔接,既各有侧重,又内在联系的职业教育教师教育体系。不过,一体化并不是单一化,它可以是多元化教师培养模式中的主体,但不垄断教师教育;它强调整合完善的体系,但并非封闭,而是希望在开放竞争中体现自身的特色和优势。

（二）形成整合化的职业教育教师教育结构

要促成职业教育教师教育结构的多元整合,利用更多的优质资源来培养职业教育教师,在更大范围内选择职业教育教师。近年来,职业教育界关于我国职业教育教师教育发展的走向问题,出现了三种有代表性的主张。其一,我国职业教育教师教育应与国际接轨,实行完全开放型职教师资培养模式;其二,我国职业教育教师教育应坚持独立设置的"纯师范"教育体制;其三,我国的职业教育教师教育体系应逐步由"定向型"过渡到"开放型"。这就要求我们必须以职业教育教师教育专业化为导向,以提高职业教育教师教育的质量水平为中心,转变职业教育教师教育培养模式,由过去完全封闭的培养模式转向开放模式,构建符合时代要求的职业教育教师知识体系和技能要求,改革教学和课程教材,实现学科水平与教育水平同步提升,培养高素质专业化的职业教育教师。

要促成职业教育教师教育运行机制的积极整合。必须由过去单纯政府行为转变为政府行为、学校行为、教师个人行为三者结合,鼓励竞争,争取和利用全社会的优质资源、企业行为培养、培训教师,形成教师教育的成本补偿和良性的经费投入机制。

要促成职业教育教师教育管理体制的开放整合。职业技术师范教育的独立性应当保留,同时实行和保持职业教育教师教育的开放性,进一步加大职业教育教师教育机构与基地的建设力度。

要促成职业教育教师教育人才培养模式的创新整合。职业技术高师和综合大学中的教育学院可以在本科阶段试行"3＋1"模式,并向"4＋1"的双学位或"4＋2"的本硕连读或"4＋3"的硕士研究生的培养模式发展。一般认为,经过"4+2"或"4+3"模式培养毕业的学生,将是专业知识、专业技能、教师理念与技能比较到位的复合型、研究型和比较有发展后劲的职业教育专业人才。

(三)建立三元合作的职业教育教师教育模式

培养模式是职业教育教师教育理论与实践相结合的产物,是职业教育教师教育理论应用于职业教育教师教育实践的中间环节和桥梁,是建构专业化取向的职业教育教师教育的关键。

针对现行职教师资培养模式的弊端,借鉴美国专业发展学校的成功经验,我们提出职教师资培养应采取大学、职业院校、企业三元合作的培养模式。三元的合作,不是传统意义的职教师范生到职业学校参加教育实习和到企业实习,而是大学、职业院校、企业作为职业教育教师教育的培养主体,共同合作,充分利用三方优势资源,联合培养合格的职业教育教师的新型职业教育教师教育培养模式。职业学校和企业不仅参与研究和制定职教教育的培养目标、教学计划、课程开发,而且承担职业教育教师的部分培养任务。

"双师型"职业教育教师,是一种复合型人才,是能将理论教学与实践教学一体化的教师,他们必须具有较强的实践动手能力与现场生产、组织、管理能力,只有通过企业、职业院校的实地锻炼与培养,职业教育教师才能真正成为"双师型"教师。三元合作职教师资培养模式的运作机制还有待建立,三方合作的基础、职责与权利还需要有法律法规或合同的保障。

(四)建构三性融合的职业教育教师教育内容

在职业教育教师的专业成长过程中,教育性、职业性和学术性是互为整合的三个要素。职教师资培养是教育性、职业性、学术性三个方面加以整合的一种培养模式,旨在培养一专多能的复合型人才。

教育性是指在职教师资培养中把培养教师的教育教学能力作为主要目标之一。这个能力包括教学设计、教学实施和教学评价能力,职业教育的课程开发和评价能力。首先应突出职教师资培养的教育性。教育性学科是教师职业专业化的一个关键支撑,教师的专业水平主要体现在他们的教育教学理论素养和能力上。职业教学论和职业科学是职业教育专业化的两门关键的学科,应重视"职业教学论""职业科学"等教育教学类课程,并且在职前职后整个培养过程中围绕教师的教育教学能力,将教育教学理论和实践紧密结合。在职后培养中应鼓励教师对具体的教学问题进行探讨交流,鼓励教师反思总结以往教学,探索教学方法改革,并培养教师的课程开发能力。

职业性是指在职教师资培养中把培养教师的职业能力作为主要目标之一,这个能力包括教师对职业活动的了解、对职业活动涉及的知识和技能的掌握等。应突出职教师资培养的职业性。职业教育专业化的另一个支撑体系是职业技术科学,它着眼于职业活动的完整性而不是学科体系的完整性,是反映职业劳动过程和劳动内容的专业技术体系。职业教育教师应了解企业的文化、产品的技术含量、生产流程、工艺路线、岗位人员的职责和需求等。因此在培养中应加强学校和企业之间的联系,重视对教师的职业实践能力的培养,在培养中坚持企业实训以及教师下企业实践的制度,并实行"双证书"制度。在职后培养阶段,也要明确规定每个职业教育教师应每隔一段时间下企业实习。

学术性是指在职教师资培养中应培养教师广博的文化底蕴、深厚的学科基础以及基于实践的科研能力,注重突出职教师资培养的学术性。在强调教育性和职业性的同时,应培养教师广博的文化底蕴和深厚的学科基础,使得教师在职业生涯中具有自我发展、终身学习的潜力,以适应社会的变化。同时,在培养中应使教师掌握企业新技术的研发情况、了解学科专业的前沿领域,拥有开阔的视野。职业教育教师作为专业人员,还应具有相应的科研能力。教师具有丰富的实践经验和对工作深刻的感性体验,在此基础上从实践上升到理论开展研究具有很大的优势,教师基于实践的研究对于解决实际问题也有着其他专家不可替代的作用。教师可开展学科专业和教育教学等方面的研究,通过研究还能进一步促进教师的教学工作。职业教育教师还可和企业合作,通过研究为企业服务,这样也有利于进一步了解企业发展实际,缩短教学和企业技术发展之间的距离。因此在培养中应重视教师的科研能力培养,进一步指导教师的科学研究,鼓励教师把对工作的探究和反思通过研究的方式进一步完善,鼓励教师进行学术交流。

　　回首自己的职业教学生涯,我不无感慨,点滴的积累、综合素质和多种技能的培养以及教学实践伴随我成长。教学、实践和科研中的快乐、辛苦、收获、遗憾,构成了我职业教育生涯的多彩的篇章。我知道今后的路还很长,职业教育改革才刚刚起步,我想借屈原的话来勉励自己:"路漫漫其修远兮,吾将上下而求索。"职业教育工作是一项美丽的事业,我愿在领导指导下和教师们的帮助下,投身职教事业一辈子,永不言弃。

参 考 文 献

［1］石伟平．比较职业技术教育［M］．上海：华东师范大学出版社，2001.

［2］柳燕君．现代职业教育教学模式——职业教育行动导向教学模式研究与实践［M］．北京：机械工业出版社，2014.

［3］夏秋荣．构建教师专业化发展的多元平台［M］．北京：北京出版社，2009.

［4］唐玉光．教师专业发展与教师教育［M］．合肥：安徽教育出版社，2008.

［5］姜大源，吴全全．当代德国职业教育主流教学思想研究——理论、实践与创新［M］．北京：清华大学出版社，2007.

［6］姜大源．职业教育学研究新论［M］．北京：教育科学出版社，2007.

［7］姜大源．职业学校专业设置的理论策略与方法［M］．北京：高等教育出版社，2002.

［8］赵志群．职业教育与培训新概念［M］．北京：科学出版社，2003.

［9］赵志群．职业教育工学结合一体化课程开发指南［M］．北京：清华大学出版社，2009.

［10］叶澜．课程改革与课程评价［M］．北京：教育科学出版社，2002.

［11］严中华.职业教育课程开发与实施——基于工作过程系统化的职教课程开发与实施［M］．北京：清华大学出版社，2010.

［12］石伟平，徐国庆．职业教育课程开发技术——现代职业教育研究丛书［M］．上海：上海教育出版社，2006.

［13］徐国庆．实践导向职业教育课程研究：技术学范式［M］．上海：上海

教育出版社,2005.

[14]刘建湘,周明星.职业院校双师型教师教育研究[M].长春:吉林科学技术出版社,2005.

[15]高志敏.终身教育、终身学习与学习化社会[M].上海:华东师范大学出版社,2005.

[16]陈祝林,徐朔,王建初.职教师资培养的国际比较[M].上海:同济大学出版社,2004.

[17]陈永明.教师教育研究[M].上海:华东师范大学出版社,2003.

[18]贺文瑾,石伟平.我国职教师资队伍专业化建设的问题与对策[J].教育发展研究,2005,25(19):73-78.

[19]姜大源."学习领域"课程:概念、特征与问题——关于德国职业学校课程重大改革的思考[J].外国教育研究,2003(1):26-31.

[20]闫智勇,周志刚,朱丽佳.职业教育领域师生间专业能力共生发展机制研究[J].教育发展研究,2013(17):48-54.

[21]欧阳荣华,赵志毅.美国教育理论的研究和发展[J].大学教育科学,2008,3(3):5-15.

[22]郭妮.中等职业学校师资培训的思考[J].科学信息:学术版,2008(4):170-171.

[23]王静.欧洲远程培训管理与实施的新趋势[J].中国职业技术教育,2005(9):35-36.

[24]徐琦,付蓉.成人教育理论的变迁[J].成人教育,2009,29(2):38-39.

[25]刘春生,宫雪,米靖.能力本位职业教育与培训理论和实践探源[J].河北师范大学学报(教育科学版),2006,8(5):102-106.

[26]李娟华,崔晓静.试论我国中等职业教育师资培训机制的创新[J].教育与职业,2009(20):52-53.

[27]庄西真.论"四位一体"职业教育教师培养培训模式[J].职教论坛,2017(13):38-44.

[28] 吴全全. 关于职教教师专业化问题的思考[J]. 青岛职业技术学院学报,2007,20(51)30-32.

[29] 窦现金. 欧美国家职业教育改革与发展的主要经验[J]. 中国职业技术教育,2005(15):30-31.

[30] 贺文瑾. 职教教师教育的反思与建构——基于专业化取向的研究[D]. 上海:华东师范大学,2007.

[31] 郑秀英. 职业教育教师专业化问题研究[D]. 天津:天津大学,2010.

[32] 徐以芬. 美国职业教育教师专业发展研究[D]. 上海:华东师范大学,2009.

[33] 郑国富. "双师型"教师专业发展阶段研究[D]. 上海:华东师范大学,2010.

[34] 罗晓妮. 中职学校"双师型"教师专业发展的路径探寻[D]. 重庆:西南大学,2013.

[35] 费利克斯·劳耐尔. 职业能力与职业能力测评:KOMET理论基础与方案[M]. 北京:清华大学出版社,2010.

[36] 肖化移,李中玲. 德国KOMET测评技术及反思[J]. 全球教育展望,2013,42(4):96-103.

[37] 张志新. 基于测评的职业教育教师职业能力研究[M]. 北京:清华大学出版社,2016.